PIERLUIGI ROMEO DI COLLOREDO MELS - LUCA STEFANO CRISTINI

LA BATTAGLIA DIMENTICATA
MONTE CELIO, 12 APRILE 1498

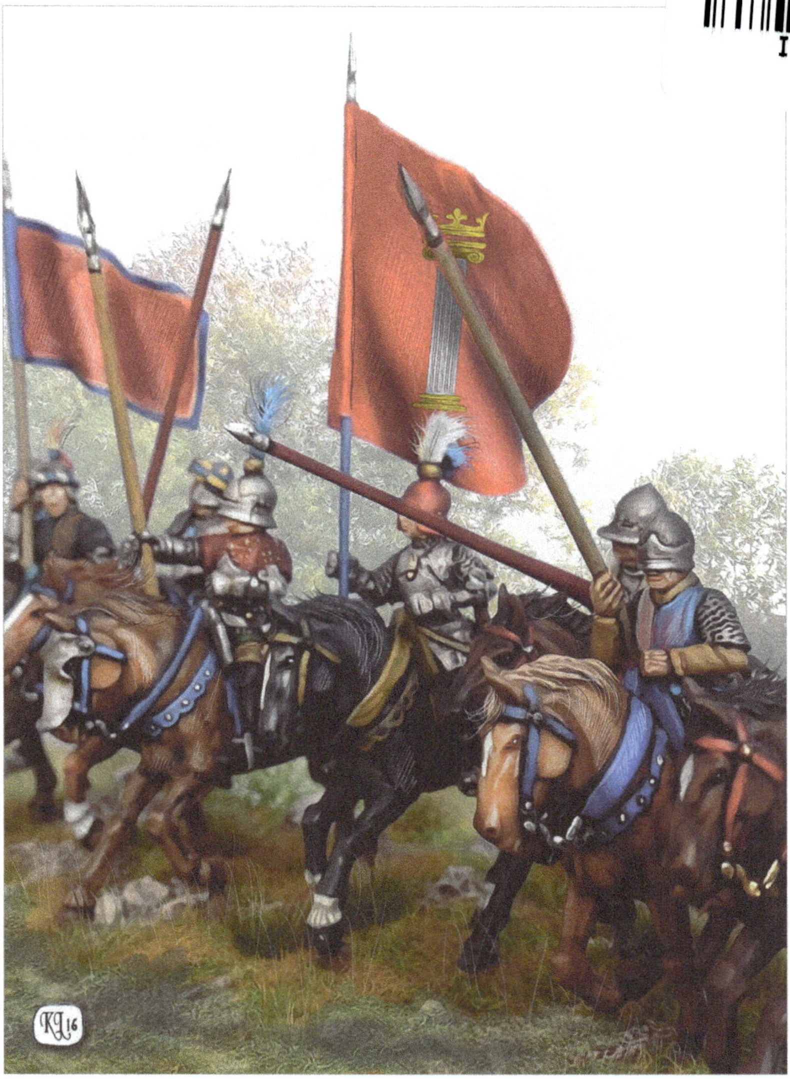

BATTLEFIELD 010

AUTORE - AUTHOR:

Pierluigi Romeo di Colloredo Mels, è nato a Roma l'11 febbraio 1966. Archeologo e storico, si è laureato in Lettere presso l'Università di Roma La Sapienza con tesi in Egittologia; si è specializzato in Archeologia Orientale (indirizzo egittologico) ed ha conseguito il Dottorato di ricerca presso l'Università degli Studi di Venezia "Cà Foscari". Ha prestato servizio militare come Ufficiale dei Granatieri di Sardegna ed è Capitano della Riserva qualificata. Appassionato di storia militare, è autore, a fianco della produzione scientifica legata alla sua attività, di numerosi saggi storici, e in particolare di una serie d'opere basilari sui reparti delle Camicie Nere, presenti anche nella Library of Congress di Washington e nelle biblioteche delle università di Berkeley, Stanford e Toronto; Emme Rossa! Le Camicie Nere sul Fronte Russo è stato citato tra i Reference Works su "Holocaust and Genocide Studies", Volume 23, Number 2, Fall 2009, rivista pubblicata dall'Università di Oxford.

NOTE AI LETTORI - PUBLISHING NOTE

Tutto il contenuto dei nostri libri, in qualsiasi forma prodotti (cartacei, elettronici o altro) è copyright Soldiershop.com. I diritti di traduzione, riproduzione, memorizzazione con qualsiasi mezzo, digitale, fotografico, fotocopie ecc. sono riservati per tutti i Paesi. Nessuna delle immagini presenti nei nostri libri può essere riprodotta senza il permesso scritto di Soldiershop. com. L'Editore rimane a disposizione degli eventuali aventi diritto per tutte le fonti iconografiche dubbie o non identificate. I marchi Soldiershop Publishing ©, e i nomi delle nostre collane - Soldiers&Weapons, Battlefield e War in Colour sono di proprietà di Soldiershop.com; di conseguenza qualsiasi uso esterno non è consentito.

None of images or text of our book may be reproduced in any format without the expressed written permission of Soldiershop.com. The publisher remains to disposition of the possible having right for all the doubtful sources images or not identifies. Our trademark: Soldiershop Publishing ©, The names of our series: Soldiers&Weapons, Battlefield, War in colour, PaperSoldiers, Soldiershop e-book etc. are herein © by Soldiershop.com.

BATTLEFIELD

BattleField, è la collana che analizza i campi di battaglia dal punto di vista "oggi e allora" Offrendo prospettive inedite ed interessanti per lo studio degli scontri principali della storia attraverso armi, uniformi e mappe storiche di eserciti e soldati impegnate nelle più famose campagne militari. La collana è definita da una linea di colore rosso sulla copertina.

RINGRAZIAMENTI

Un ringraziamento tanto sincero quanto dovuto agli amici architetto Tullio De Bonis per il costante supporto tecnico, per l'incoraggiamento, per i consigli ed i suggerimenti, e dott. Alfonso Masini, senza il quale questo lavoro non sarebbe mai nato, per il quotidiano scambio di opinioni e per le fonti da lui fornitemi con liberalità non comune.

ISBN: 9788896519974   1a edizione: Agosto 2016

Title: Battlefield 010 - LA BATTAGLIA DIMENTICATA - Monte Celio, 12 APRILE 1498.
Di Pierluigi Romeo di Colloredo Mels con Alfonso Masini. Editor: Soldiershop publishing. Cover & Art Design: Luca S. Cristini. Illustrazioni a colori di Luca S.Cristini e Nadir Durand.

In copertina : Cavalieri italiani tardo XV secolo

AVVERTENZA

*Gli eventi sono come la schiuma della storia, bolle grosse o piccole che si
spaccano in superficie, e scoppiando suscitano turbini che si
propagano più o meno lontano.*

Georges Duby[1].

La battaglia di cui ci occupiamo è stata indicata con diversi nomi: di *Monte Celio* (*Montecelio*), di *Monticelli*, di *Casabattista*[2], di *valle Vazolo*, delle *Fosse Tibutine*, di *Palombara*- che però è troppo distante. Con una qualche approssimazione abbiamo scelto di denominarla di *Monte Celio*, utilizzando il toponimo oggi in uso, ma lasciando *Monticelli* là dove compare nelle fonti. Non si tratta di un anacronismo: se è vero che il comune di Monticelli venne ridenominato Montecelio dopo l'unità d'Italia, la prima forma, più colta, viene impiegata già alla metà del XV secolo, per esempio da papa Pio II (Enea Silvio Piccolomini) nei *Commentarii*:

*Federicus atque in castra se recepit, quae non procul erat a Monte Celio- Montem Celium vocant Monticellum- quem
Deiphebus tenuit.*

Federigo [II da Montefeltro, conte- poi duca- di Urbino] (…) *tornò al suo campo, posto non lontano da Monte
Celio - alcuni chiamano Monte Celio Monticello* [sic per Monticelli] *- che era in mano a Deifobo* [dell'Anguillara][3].

Per ciò che riguarda la data della battaglia, 12 aprile 1498, si è seguita quella indicata da Ferdinand Gregorovius, sulla base dei documenti conservati negli archivi Colonna e Orsini[4]; altri parlano del 30 marzo, sulla base, errata, del Sansovino; per stabilire la data corretta abbiamo effettuato una ricerca cronologica circa i vari condottieri presenti, che ha confermato la data del 12 aprile.

Per quanto riguarda l'anno, diverse fonti, riprendendo acriticamente il Sansovino (*Historia di Casa Horsina*, Venezia 1565) indicano il 1497, ma nel marzo di quell'anno Bartolomeo d'Alviano è a Siena al servizio del Petrucci contro i fuoriusciti. Del resto, Guicciardini, nella sua *Storia d'Italia*, data correttamente la battaglia al 1498.

---

1   Georges Duby, *La dimanche de Bouvines. 27 Julliet 1214*, Paris 1973 (tr.it. Torino 2010 p.4).
2   Oggi Casalbattista, dal nome dell'antico proprietario, Battista Panicola, da cui Casa Battista, e, per contrazione, Casabattista.
3   *Commentarii.*, V, 25.
4   F. Gregorovius, *Geschichte der Stadt Rom in Mittelalter*, Stoccarda 1858- 1873, trad. it. *Storia di Roma nel Medioevo*, V, Roma 1972, p. 227.

...Breve et inreparabile tempus
omnibus est vitae; sed famam extendere factis,
hoc virtutis opus.

Virgilio, *Eneide*, X, 467-469.

MONTE CELIO/FOSSE TIBURTINE

(VALLE VAZOLO) – 12 aprile 1498

COLONNA, SAVELLI	ORSINI
Antonello Savelli †	Bartolomeo d'Alviano
Prospero Colonna	Carlo Orsini
Fabrizio Colonna	Gian Giordano Orsini
Giovambattista Caracciolo F	Giulio Orsini F
Pompeo Colonna	Latino Orsini
Marcantonio I Colonna	Francesco Orsini

Nella battaglia muoiono, dalle due parti, 400 uomini, in prevalenza di casa Orsini.

PREMESSA

Scrive Michael Mallet, il maggiore storico europeo della situazione militare italiana del Rinascimento, nel suo fondamentale studio sulla guerra nel Rinascimento italiano:

*Uno dei principali interlocutori della discussione umanistica che costituisce la cornice dell'*Arte della Guerra *di Machiavelli è Fabrizio Colonna. Il Colonna a suo tempo fu uno dei più illustri comandanti militari e uno dei principali autori della vittoria definitiva che la Spagna riportò nelle guerre d'Italia[1].*

Il medesimo autore poche pagine prima aveva affermato che il condottiero umbro Bartolomeo d'Alviano, capitano generale della Repubblica di Venezia, dopo aver sconfitto le truppe dell'imperatore Massimiliano I d'Austria nel 1508, aveva riportata una vittoria tale che

Aveva innalzata la fama del d'Alviano all'altezza dei fratelli [Prospero e Pompeo] *Colonna e di Gian Giacomo Trivulzio (…). I condottieri ora nominati furono reputati tra i migliori del loro tempo[2].*

Eccettuato il Trivulzio, Fabrizio, Prospero, Pompeo Colonna e Bartolomeo d'Alviano avevano in comune l'aver combattuto nella battaglia tra Colonnesi e Orsini sotto Monte Celio il 12 aprile 1498.
Oltre a loro vi si erano distinti condottieri come Antonello Savelli- che morì per le conseguenze delle ferite riportate nei combattimenti- Francesco Orsini duca di Gravina, che sarà strangolato da Cesare Borgia a Senigallia nel 1503 insieme a Paolo Orsini, Vitellozzo Vitelli e Olivierotto da Fermo, con la poco felice conseguenza di essere anch'egli, come Fabrizio Colonna, protagonista di uno scritto del Machiavelli, *Del Tradimento del duca Valentino al Vitellozzo Vitelli, Olivierotto da Fermo et altri.*
Bastino queste poche considerazioni per dare alla battaglia che si svolse il 12 aprile 1498 il posto che le spetta nella storia dell'Italia della fine del XV secolo e in quella dello Stato Pontificio, posto che già il Guicciardini le aveva accordato nella sua *Storia d'Italia* [3], ma che il passare del tempo e gli scritti dei cronachisti tiburtini e monticellesi, dal Zappi al Crocchianti al Cerasoli, hanno oscurato, stravolgendo le fonti, e trasformandolo in una faccenda meramente locale, quasi una zuffa (esagerando il numero dei morti, trasformando i 4000 combattenti in altrettanti caduti) come se non vi si fossero affrontati i migliori condottieri dell'epoca con le proprie compagnie di ventura, ossia l'*elite* militare italiana del tardo XV secolo, gli stessi condottieri che avrebbero sconfitto, pochi anni dopo, i cavalieri francesi, i picchieri svizzeri e i lanzichenecchi tedeschi.
E soprattutto gli storici locali, spesso benemeriti, ma ancor più spesso miopi per tutto ciò che vada oltre i confini del proprio paese, hanno trascurato le conseguenze della battaglia: ossia l'indebolimento dei due partiti e la reazione pronta e spietata di Alessandro VI Borgia e del figlio Cesare, che approfitterà delle conseguenze della battaglia per dare un colpo durissimo alle due parti, rafforzando l'autorità centrale del papato e iniziando l'opera di conquista delle Marche, della Romagna e di Bologna, proseguita poi da Giulio II. E' il vecchio disegno di Pio II e Sisto IV di decapitare i baroni. E scrive Guicciardini:

…'l pontefice, dando animo ora a' Colonnesi ora agli Orsini, nutriva la guerra, per potere alla fine quando fussino consumati opprimergli tutti.

1   Michael Mallet, *Mercenaires and their Masters*, London 1974, tr. it. 1984, p. 261.
2   Ibid., p.254.
3   IV, 2. Il brano del Guicciardini è riportato integralmente in appendice.

Certo, soprattutto i Colonna saranno ancora un problema per i papi, ma dopo Monte Celio nulla è più come prima, e i grandi condottieri colonnesi dovranno andare a porsi sotto le bandiere spagnole, dove conseguiranno i loro grandi successi. Ma il primo, durissimo colpo è stato dato. Senza il bagno di sangue del 1498 si può dire non ci sarebbero state le case- spesso in origine borghesi, o quanto meno di piccola nobiltà- dei Farnese[4], dei Borghese, degli Aldobrandini, dei Pamphili, degli Altieri: da allora saranno i papi a creare nobili i propri parenti, non più i nobili Orsini, Colonna, Savelli a creare i papi. Da valle Vazolo nasce, alla lunga, una nuova società, e muore il feudalesimo romano.

L'interesse della battaglia è qua: una contesa locale, basata su vecchi odi familiari, con Colonna e Savelli che marciano contro i Conti, alleati degli Orsini, che, per l'importanza dei protagonisti e delle conseguenze a lungo termine, diventa un punto nodale nella nascita dello Stato Pontificio come rimarrà sino al 1859- 1861.

Come scrive Duby a proposito della battaglia di Bouvines,

Questo evento ha lasciato tracce molto durature, che neppure oggi sono del tutto scomparse. Soltanto queste tracce gli danno vita, e senza di esse l'avvenimento non è nulla (…)[5]

Parole che si adattano perfettamente anche alla battaglia del 1498, e in gran parte analoghe le conseguenze: dopo Bouvines è che si rafforza definitivamente la monarchia francese a spese del feudalesimo, come dopo Monte Celio: ma se dopo la rivoluzione del 1848 in Francia non ci sono più re, il papa è ancora oggi *Sovrano dello Stato della Città del Vaticano, ha pienezza dei poteri legislativo, esecutivo e giudiziario*[6].

Ho articolato il lavoro in modo da presentare l'argomento da vari punti di vista: le armi, i protagonisti, gli avvenimenti. Per farlo ho dapprima ho tracciato un quadro dell'organizzazione militare nel tardo XV secolo, poi, per inquadrare meglio la situazione, un sintetico capitolo sulla storia delle famiglie Colonna ed Orini e sulla loro rivalità.

Una serie di biografie dettagliate sui principali condottieri che presero parte alla battaglia per inquadrarne la storia e i metodi di comando precede la ricostruzione degli avvenimenti; la scarsità delle fonti è stata integrata, per la stesura del capitolo, da ricognizioni sul luogo e dallo studio della topografia anche con carte antiche (quella di Eufrosino della Volpaia *in primis*).

Data la frammentaria documentazione la ricostruzione della battaglia è un semplice tentativo, ma, basandosi sulla topografia dei luoghi e sull'arte militare rinascimentale, così come sulle tattiche utilizzate dagli stessi condottieri in battaglie meglio documentate, ci sembra di aver raggiunto un risultato accettabile e delle conclusioni probabili.

Infine, un capitolo sulle conseguenze della battaglia e le appendici con le fonti principali, i passi di F. Sansovino dall' *Historia di Casa Horsina* e del Guicciardini, *Storia d'Italia*, IV,2, riportate integralmente, e una bibliografia esaustiva completano il lavoro.

Pierluigi Romeo di Colloredo Mels,
Montecelio 20 gennaio '14.

---

4   Paolo III Farnese deve le proprie fortune- e l'inizio di quelle della famiglia, che culmineranno nel ducato di Parma e Piacenza alle grazie della sorella Giulia, sposa di Orsino Orsini, e, soprattutto, amante del papa Alessandro VI Borgia, ciò che varrà al fratello Alessandro la porpora cardinalizia e il poco gratificante soprannome di *cardinal Fregnese*.
5   Georges Duby, *La dimanche de Bouvines. 27 Julliet 1214*, Paris 1973 (p.4 della tr.it.).
6   Legge Fondamentale dello Stato della Città del Vaticano del 22 febbraio 2001, art. 1.

▲ *Cavaliere italiano del tardo ʻquattrocento. Disegno di nadir Durand.*

INDICE:

Premessa .... Pag. 5

L'organizzazione militare nell'Italia rinascimentale Pag. 9

Le famiglie in lotta .... Pag. 19

I condottieri .... Pag. 29

Preludio alla battaglia .... Pag. 49

La battaglia di Montecelio .... Pag. 55

Le conseguenze della battaglia .... Pag. 69

Appendice .... Pag. 73

Cronologia .... Pag. 76

Bibliografia .... Pag. 77

L'ORGANIZZAZIONE MILITARE NELL'ITALIA DEL RINASCIMENTO

Lo stato fondato in sulle arme mercenarie non sarà mai fermo né sicuro: perché le sono disunite ambiziose, sanza disciplina, infedele: gagliarde tra gli amici, tra e' nemici vile: non timore di Dio, non fede con gli uomini: e tanto si differisce la ruina quanto si differisce lo .assalto: e nella pace se' spogliato da loro, nella guerra da' nimici. La cagione di questo è che le non hanno altro amore né altra cagiona che le tenga in campo che uno poco de stipendio, il quale non è sufficiente a fare che voglino morire per te. Vogliono bene essere tua soldati mentre che tu non fai guerra, ma come che la guerra viene, o fuggirsi o andarsene.

(*N. Machiavelli*, Il Principe, *cap. XII*, Quot sint genera militiae et de mercenariis militibus)

Per secoli la durissima invettiva di Machiavelli che abbiamo appena riportata ha condizionato il parere degli storici sul fenomeno, diffuso in tutta l'Europa tardo medievale, ma che in Italia raggiunse il suo apice, del mercenariato e delle compagnie di ventura. Dalla metà del XX secolo nuove ricerche hanno portato a riconsiderare in maniera più positiva l'argomento, anche se ciò non è stato ancora recepito dal pubblico non specialistico, tanto che un recente studio in inglese sull'argomento portava per sottotitolo *Famigerati mercenari del Medioevo*, salvo spiegare nel testo che le cose non stavano proprio così come sembrava indicare il termine *infamous* nel sottotitolo:

E' troppo facile, tuttavia, semplificare e classificare i condottieri come semplici mercenari. Molte fonti, sia contemporanee che moderne continuano a fare così, ed è interessante notare quante non utilizzino neppure il termine condottiere *preferendogli* mercenario. *Il sistema dei condottieri fu unico in termini di tempi e di luoghi, e costituì probabilmente l'espressione più sofisticata di ideale mercenario. In Italia, tra il 1300 ed il 1500, si creò una casta militare di professionisti perfettamente adatta a quelle che erano le istanze prevalenti allora nella penisola. Gli uomini che la componevano erano professionisti a tempo pieno, e totalmente apolitici nelle proprie vedute. Svilupparono un sistema di complessi contratti, in modo da trarre i maggiori guadagni da ciascun impiego*[1]

Scrivere una storia dettagliata delle Compagnie di Ventura del XV secolo e della loro evoluzione esula dallo scopo del presente lavoro. Basterà dunque sottolineare quei punti che hanno maggiore importanza nella battaglia di Monte celio.

Le *Masnade* comparvero in Italia all'inizio del XIV secolo. Il termine, derivato dal latino *Mansionata* e dal provenzale *Maisnada*, indicava mercenari che provenienti da ambienti rurali o da fasce di emarginazione, da eserciti sciolti per paci o tregue- i *routiers* della guerra dei Cent'Anni-, già alla fine dell'XI secolo, privi di coscienza professionale, insegne e referenti erano stati condannati dal Concilio Lateran I del 1179 e da una Bolla di Urbano V. Si trattava di uomini attratti da spirito d'avventura e di guadagno e sprezzanti degli ideali cavallereschi di gloria, onore e regole della guerra, così descritti da un anonimo cronista:

Gente son sanza freno e mai non pensan se non di usurpare.

Nella penisola fecero la loro prima apparizione con Giovanni di Boemia nel 1333; in seguito, arricchite le loro fila con fuoriusciti ed esuli, soprattutto inglesi e bretoni rimasti senza "lavoro" dopo la pace di Brètigny del 1360, che, al fare i *routiers* (banditi da strada, formati da disertori e soldati senza ingaggio) in Francia, a rischio di essere presi ed impiccati come briganti, preferirono passare le Alpi per offrire

---

1   David Murphy. *Condottiere 1300- 1500. Infamous medieval mercenaries*, Oxford 2007, p.6

i propri servigi a coloro che ne necessitassero e fossero pronti a pagare, e si posero sotto la guida di celebri quanto famigerati *Capitani di Ventura* che li organizzarono e disciplinarono, pur senza ridurne la ferocia, ma anzi utilizzandola come arma sia tattica che psicologica, va detto più verso le popolazioni civili più che verso le milizie cittadine, all'epoca ancora combattive[2] (i militi bolognesi, più motivati e disciplinati, misero in rotta Werner von Urslingen, il cui motto era *Nimico di Dio, di pietà e di misericordia*, costringendolo a lasciare il territorio felsineo). Infine va aggiunto che la ferocia dei mercenari stranieri sottolineata dalle cronache trecentesche non era certo maggiore di quella di un condottiero come Facino Cane, per fare solo un esempio, ma che rientrava in un *topos* letterario che presentava gli stranieri come barbari, avidi e crudeli (dai *tedeschi lurchi* di Dante sino alla *furia francese*).

Probabilmente la più antica Compagnia d'Arme organizzata, operante in Italia, fu quella nota come *Grande Compagnia*, formata da *Almogavari* catalani agli ordini dell'ex templare Ruggero de Flor intorno al 1303[3]. Seguirono, solo per ricordare le più importanti, la *Compagnia tedesca* al comando di Marco Visconti (1329); la *Grande Compagnia*, costituita pure in gran parte da tedeschi, agli ordini di Werner von Urslingen dal1342 al 1351, e poi, con afflusso di Ungheresi e di Provenzali, ricostituita nel 1352 da fra' Moriale (Francesco di Montréal, ex cavaliere ospitaliere) che la comandò fino al 1364; la *Compagnia della Stella*, per lo più formata da inglesi e alemanni, sotto lo Sters e Anichino di Baumgarten; la *Compagnia Bianca*, così detta dal tipo di armatura a piastre, allora inusuale in Italia, indossata, formata da reduci della guerra dei Cent'anni bretoni ed inglesi, sotto il celeberrimo, e famigerato, John Hawkwood (chiamato dai fiorentini Giovanni Acuto, 1320-1394[4]) che come comandante fiorentino ebbe un ruolo preponderante nelle lotte tra la città toscana e l'eterna rivale Pisa.

Non si può dimenticare, però, che non mancarono certo comandanti italiani, quali Uguccione della Faggiola (il *veltro* di Dante), Cangrande della Scala, Marco Visconti, e, soprattutto, Castruccio Castracani, che riuscì a diventare signore di Lucca, e di cui Machiavelli stesso lasciò una "biografia" apologetica ricca di aneddoti copiati da Plutarco.

Alle gesta di Giovanni Acuto, Ettore da Panigo, Hannekken von Boumgarten, Konrad von Landau (il "Conte Lando"), frà Moriale e Werner von Urslingen, Malatesta *Guastafamiglia*, si aggiunsero, a cavallo del tardo XIV secolo e gli inizi del XV, quelle di ambiziosi membri di nobili famiglie, figli cadetti, o titolari di feudi o piccole signorie di scarsi mezzi economici, che nella guerra cercavano ricchezza e spazio politico: Facino Cane, Guidoriccio da Fogliano, immortalato nell'affresco di Simone Martini nel Palazzo Pubblico di Siena dopo l'assedio di Montevarchi, molti Visconti, Braccio Fortebraccio da Montone, Niccolò Piccinino, gli Attendolo Sforza, Il conte di Carmagnola, Bartolomeo Colleoni, Erasmo da Narni detto *il Gattamelata*, i Malatesti come Carlo, Pandolfo III, e soprattutto Sigismondo Pandolfo e Roberto[5], Federigo II di Montefeltro, e, ciò che qui ci interessa di più, tra le maggiori casate

2   David Nicolle, *Italian Militiaman , 1260- 1392*, Oxford 1999.
3   Su Ruggero da Flor, C. Rendina, *I Capitani di Ventura*, Roma 1985, pp. 29 segg. Ruggero si mise in proprio impadronendosi del Falcone, l'ammiraglia della flotta templare da lui comandata, e ponendosi al servizio dei bizantini e dei franchi di Acaia.
4   Su Giovanni Acuto si veda: Duccio Balestracci, *Le armi, i cavalli, l'oro. Giovanni Acuto e i condottieri nell'Italia del Trecento*, Roma- Bari 2003.
5   Roberto dei Malatesti si dimostrò un condottiero all'altezza del padre. Morì a Roma il 10 settembre 1482, anch'egli di malaria (ma alcuni accusarono Gerolamo Riario, nipote del papa, di averlo avvelenato), contratta dopo aver riportato il 21 agosto una clamorosa vittoria alla testa delle truppe pontificie a Campomorto, presso Velletri, le truppe del re di Napoli, comandate da Alfonso duca di Calabria (nel cui esercito combattevano molti turchi inviati da Bayezid II ad Otranto e in seguito arruolati dagli aragonesi),. La battaglia fa parte della guerra di Ferrara tra la Lega Italica e Venezia, appoggiata da Sisto IV . Il pontefice volle che Roberto fosse sepolto nella basilica di San Pietro, e gli eresse un monumento funebre, con un rilievo rappresentante Roberto a cavallo in armatura, ora al Louvre. Il monumento funebre di Roberto ispirò quello di Giordano Orsini a Monterotondo, che aveva combattuto con il Malatesti a Campomorto, e deceduto a Firenze, ospite di Lorenzo il Magnifico, nel 1483.

▲ *Costumi militari italiani tra la fine del XV secolo e l'inizio del XVI. Tavola di Nadir Durand*

di condottieri si segnalarono gli Orsini, i Colonna e, in misura minore, i Savelli: famiglie protagoniste della battaglia di Montecelio.

Scrive il Mallet:

Inoltre i condottieri costituivano senza dubbio un gruppo piuttosto esclusivo. La professione delle armi nel Quattrocento non era tale da recare alla svelta successi e fortuna. Se esaminiamo le vicende dei 170 maggiori condottieri di quel tempo, ci risulterà che per più del sessanta per cento venivano da solo tredici tra casate e clan familiari. Gli sforzeschi e i bracceschi erano legati da vincoli di sangue e anche da lunghi periodi di servizio militare; le famiglie romane degli Orsini e dei Colonna fornirono ognuna più di dodici dei maggiori condottieri che si illustrarono nel Quattrocento[6].

Fu Alberigo da Barbiano ad inquadrare per la prima volta le proprie *Masnade* in una disciplinata *Compagnia di Ventura* detta *Compagnia di san Giorgio*, sulle cui bandiere venne aggiunto il significativo motto *Italia liberata dai Barbari*.

Il già citato Werner von Urslingen a sua volta creò la *Grande Compagnia* passata alla sua morte a frà Moriale; Albert Stertz, fondò la *Compagnia Bianca*; da Astorre Manfredi, che realizzò la *Compagnia della Stella*; da Niccolò da Montefeltro, che organizzò la *Compagnia del Cappelletto*; da Giovanni da Buscareto e Bartolomeo Gonzaga, che iniziarono la *Compagnia della Rosa*; da Ambrogio Visconti, che promosse una seconda *Compagnia di san Giorgio* esclusivamente italiana e benedetta dal Papa.

Tra le Compagnie fiorite nei primi due terzi del XIV secolo, con partecipazione di italiani, vanno ricordate quelle di Raimondo di Cardona, del conte Oliviero Boccabianca detto Ferraccio (fra il 1349 ed il 1360) e quella di Lodrisio Visconti. Tuttavia, quella che è a buon diritto considerata la prima

---

6   Mallet, op.cit., p.213

compagnia costituita quasi interamente da Italiani, nata per opporsi agli eccessi di quelle straniere (stigmatizzate, fra l'altro dallo stesso papa Urbano V), fu la *Societas Italicorum Sancti Georgi*, meglio nota come *Compagnia di San Giorgio*, creata dal conte Alberico da Barbiano poco dopo l'eccidio di Cesena ad opera dell'Acuto, e ben documentata a partire dal 1371, quando Bernabò Visconti la prese al proprio servizio nella guerra contro gli Scaligeri, alleati con i Carraresi contro di lui.

Dalla scuola d'arme di Alberico da Barbiano uscirono tutti i maggiori capitani del XV secolo: Iacopo dal Verme, Facino Cane, Francesco Bussone detto il Carmagnola, Muzio Attendolo Sforza ed il figlio Francesco, Braccio Fortebraccio da Montone, solo per citarne alcuni.

I semplici mercenari erano oramai divenuti professionisti della guerra, e proprio da due dei summenzionati condottieri nacquero le due scuole tattiche del rinascimento italiano.

Le nozioni tattiche dell'Italia del XV secolo erano dominate da due grandi scuole, che prendevano nome da due grandi condottieri: quella dei *Bracceschi*, che prendeva nome da Braccio Fortebraccio da Montone (1368- 1424), e *Sforzeschi*, che traevano il nome dal condottiero romagnolo Muzio Attendolo detto Sforza (1369-1424).

I *Bracceschi* ponevano l'accento sull'uso dei piccoli distaccamenti, incoraggiando lo spirito d'iniziativa dei subalterni, gli *Sforzeschi* al contrario utilizzavano l'attacco a massa, lanciato frontalmente al momento più opportuno.

.Il *Capitano di Ventura* arruolava gli uomini e provvedeva ad armarli ed ad addestrarli e fissava con la committenza i termini delle prestazioni, le norme d'ingaggio, il numero dei soldati e la durata dell'impegno in un preciso contratto detto *condotta*, donde assumeva la definizione di *Condottiero* (*condottiere*, come si diceva all'epoca).

La fase preliminare, che in seguito conduceva alla stipula vera e propria, consisteva nella cosiddetta "mostra", quando veniva passata in rivista la compagnia in armi, ed ispezionata dai funzionari della città o del signore con cui si sarebbe dovuto firmare il contratto, i quali

procedevano ad una minuziosa operazione di stima, provvedendo a scartare quelli non ritenuti

idonei. Se tale fase andava a buon fine, veniva versata al capitano una somma di danaro a titolo di acconto e si dava avvio alla trattativa.

Sebbene sia facile liquidare i condottieri come semplici mercenari, la natura complessa dei loro contratti (o meglio, condotte) creava un sistema unico in cui il rapporto tra lo stipulante ed il condottiero era piuttosto complesso.

Ciascun condottiero firmava la propria condotta alla presenza di un notaio e dei funzionari pubblici. La signoria, lo stato od il Comune che l'avrebbe assoldato era rappresentato da un Segretario; al condottiero veniva affiancato un *Collaterale*, un commissario civile nominato dallo stato per sovrintendere all'arruolamento ed all'addestramento dei militi, ed all'amministrazione della compagnia. Il *Collaterale* provvedeva a tenere informato il governo committente delle mosse e del comportamento del condottiero.

La responsabilità della stesura della condotta era del notaio, includendo articoli che coprissero ogni minimo aspetto, per evitare future contestazioni, e termini e durata dell'incarico. In alcune occasioni la condotta includeva articoli relativi alle pensioni per chi fosse stato gravemente ferito e non più in grado di procurarsi da vivere.

Una volta che la condotta fosse stata firmata, il condottiero avrebbe avuto l'obbligo di occuparsi dell'addestramento adeguato e della prontezza operativa della propria compagnia.

Le paghe erano in fiorini leggeri, in oro od in argento, e i proventi dei saccheggi e dei riscatti sarebbero andati parte al comandante e parte agli uomini.

Il patto era *a soldo disteso*, se l'incarico imponeva la militanza di un determinato numero di Fanti e di Cavalieri agli ordini del *Capitano generale* di una città o di una Signoria; *a mezzo soldo* se il *Capitano di*

Ventura combatteva in posizione sussidiaria rispetto al *Capitano Generale*, in tal caso non percependo paga piena ed esponendosi a minore rischio.
. Ovviamente, la condotta *a soldo disteso* era riservata ai condottieri più abili e famosi, che disponevano di proprie compagnie forti ed efficienti.

La durata del contratto era denominata *ferma*, di solito seguita da un periodo d'aspettativa – perlopiù pari a sei mesi – durante il quale il condottiero rimaneva vincolato alla controparte, che aveva il diritto di prelazione per un altro ingaggio (il c.d. *aspetto*).

Finita la condotta, il condottiero avrebbe potuto passare al soldo di chiunque, pur vigendo la clausola che passando ad un nemico non poteva combattere contro lo Stato con cui aveva appena militato per due anni, clausola che venne spesso disattesa, soprattutto da Sigismondo Pandolfo dei Malatesti, che si guadagnò la fama di infingardo ed inattendibile.

Per quanto riguarda la guerra sul mare, esisteva un particolare tipo di condotta, il *contratto d'assento*, che prevedeva l'ingaggio di forze navali, e *assentisti* furono chiamati i capitani che lo sottoscrivevano. Genova cominciò ad impiegarli soprattutto come corsari già dagli inizi del XV secolo, Ragusa e lo Stato della Chiesa, e anche dal Regno aragonese di Napoli, mentre Venezia non volle mai ricorrere a questo tipo di condotta, sapendo benissimo che solo controllando direttamente la flotta avrebbe potuto garantire la propria sicurezza; molto utilizzati invece dai Turchi, che si servirono soprattutto dei *dey* dell'Africa Settentrionale, ma anche di assentisti *genovesi*.. Esistevano vari tipi di condotte navali: talvolta il capitano era anche proprietario delle navi mentre in altre occasioni si limitava ad equipaggiarle ed esse rimanevano oggetto di disposizione delle città-stato. Il compenso veniva stabilito a forfait – diversamente da quello previsto per le condotte di terra, il quale era corrisposto in ragione del tempo, degli uomini e dei mezzi impiegati – con assunzione a proprio carico di danni e perdite; il guadagno personale del capitano era la terza parte di tutto il bottino, frutto d'arrembaggi e di saccheggi. Si trattava di vere e proprie lettere di corsa.

I contratti dunque erano frutto di una civiltà giuridica che sin dal Medio evo aveva dato i maggiori giureconsulti e notai d'Europa, nelle università di Bologna, Padova, Roma, Napoli, e stesi con tutte le cautele e cavilli giuridici, che pure non garantivano la puntuale riscossione della paga, con ciò provocando spesso annose cause tra condottieri e Stati, ciò che ha portato numerosi autori a sottolineare le qualità imprenditoriali dei condottieri (R. de la Sizeranne per primo coniò il termine di *imprenditore militare* riferendosi a Federigo da Montefeltro). C'è stato anche chi ha anacronisticamente parlato di manager nel senso moderno del termine.

Franco Cardini giustamente scrisse che

in realtà, i condottieri hanno parecchi volti, mutano espressione e atteggiamento a seconda di come li guardiamo.

Se sul lato meramente professionale essi appaiono

uomini d'affari attenti, sagaci, avidi, forti d'una spiccata professionalità anche se non sempre di onestà adamantina; tuttavia essi conservano gelosamente i loro brandelli di etica cavalleresca e rivelano sovente un culto del tutto antieconomico per la gloria.

Uomini impregnati di un'etica cavalleresca ancora medievale, essi sono però figli dell'umanesimo, assetati di cultura classica, amanti delle arti, spesso viste come un altro campo di sfida con i propri avversari.

Sigismondo Pandolfo dei Malatesti si rovinò e dovette lasciare incompiuto il Tempio malatestiano di Rimini, mentre Federigo dedicò i propri ingenti guadagni alla costruzione del Palazzo ducale urbinate e degli studioli di Urbino e di Gubbio. Un amore della cultura che spinge Sigismondo a riesumare in Grecia le ceneri del filosofo Gemisto Pletone ed a portarle a Rimini, e Federigo ad inviare in tutta

Europa amanuensi e copisti per riprodurre testi per la sua amata *libraria*.

Qualche parola sulle suddivisioni tattiche delle Condotte.

Furono i mercenari stranieri, tedeschi ed inglesi ad introdurre la *lancia* intorno al 1360[7]: la sua composizione per il XV secolo variava a seconda dei luoghi e dei tempi, ma che doveva essere molto simile a quella enunciata nel testo della condotta stipulata nel 1432 tra Firenze e Micheletto *Attendolo* Sforza. La lancia era formata da un *caporale* o *capolancia*, ossia il cavaliere, lo scudiero o *piatta* a cavallo con armamento leggero ed un paggio con funzioni di servitore, per un totale di tre cavalcature. Cinque *lance* formavano una *posta*, e cinque *poste* una *bandiera*[8]. Nel 1464 negli stati papali era in uso una lancia composta da cinque o sei uomini detta *corazza*, la cui composizione non è chiara, forse, come propone Mallet, due cavalieri, due uomini d'arme e due valletti o paggi; secondo Heath, c'era un solo paggio o valletto.

Con il tempo l'organico della lancia aumentò ulteriormente fino a contare fino a 7 cavalli, con uomini armati alla leggera, simili ai *coustilliers* borgognoni[9].

Ciò è dovuto all'influsso degli ordinamenti stranieri, molto più forti numericamente rispetto ala lancia italiana. La *lancia francese*, infatti, comprendeva cinque uomini, due in più rispetto alla *lancia italiana*.

Al di fuori del vincolo stabilito con la condotta, figurava, altresì, anche una sempre più folta schiera di *lance spezzate*, ossia cavalieri non appartenenti ad una *lancia*: essi, spesso dei disertori o dei mercenari cui era scaduta la ferma, e, più spesso, *venturieri* il cui capitano era rimasto ucciso, non facevano parte di nessuna compagnia di ventura, ma si ponevano al servizio dei vari Stati che di volta in volta si trovavano nella necessità di arruolare cavalleria pesante, simile ai *gendarmes* francesi e borgognoni[10]. Le prime *lance spezzate*, agli inizi del Quattrocento, sono quelle di Pandolfo III dei Malatesti, signore di Brescia. La crescente importanza di cui si è detto derivava dal fatto che l'utilizzo di *lance spezzate* permetteva agli Stati di impiegare veterani, conservando compagnie il cui comandante era morto o era stato sconfitto: Mallet ricorda che negli anni sessanta del 1400 gran parte delle lance spezzate al servizio pontificio erano reduci delle condotte degli Anguillara[11] disfatte da Federigo da Montefeltro e da Napoleone Orsini.

A partire dalla metà del XV secolo in poi, assunsero una crescente importanza i cosiddetti *provvisionati*, sia di fanteria che, in misura minore, di cavalleria, così chiamati in quanto ricevevano una *provvigione*, ossia uno stipendio fisso pagato dalle autorità cittadine, e che costituirono i primi stabili nuclei di militari; si trattava di formazioni meno rigidamente organizzate gerarchicamente, alla cui testa si trovava un ufficiale superiore, definito generalmente connestabile. I fanti sono raggruppabili in tre tipologie: picchieri, tiratori (balestrieri e schioppettieri, mentre gli arcieri erano di scarsa importanza), palvesari, dotati di *palvese*, un ampio scudo di legno con il quale proteggevano i balestrieri. I palvesari scomparvero però a metà del XV secolo. Come la lancia *italiana* era formata da un cavaliere e due o più seguaci, i balestrieri erano parte della *balestra*, formata dal balestriere, dal palvesario e da almeno un servitore armato. In seguito però una *balestra* divenne una formazione di vari balestrieri. Un *elmo* a Venezia e nei territori della Serenissima corrispondeva ad una compagnia.

Col passare del tempo crebbe l'importanza delle armi da fuoco. Probabilmente il primo *schioppetto* (*scopletus*) comparve nel XIII secolo; gli *schioppettieri* divennero sempre più importanti, dapprima tra

---

7   Ian Heath, *Armies of the Middle Ages*, vol.1, 1300- 1500, London 1982, p. 35. Nel 1361 Giovanni Acuto organizzò una compagnia di duecento lance: C. Rendina, *I Capitani di Ventura*, cit., p.16.

8   Ibid.

9   Nel 1472 nel ducato di Milano vennero formate 136 squadre per un totale di 3.604 uomini d'arme e 24.617 cavalli; il rapporto fra cavalli e uomini, dunque, è di circa 7:1.

10   Nel 1427 Venezia aveva al suo servizio 400 lance spezzate, Firenze 150; nel 1434 di 7.550 cavalieri milanesi, ben 1200 erano lance spezzate (M. Mallet, *Principi e mercenari,* cit., p.118.

11   Mallet, op. cit., p.118. L'Anguillara aveva respinto per due volte l'assedio messo da Federigo a Montecelio, sotto Pio II nel 1461 e sotto Paolo II nel 1464, venendo però poi sconfitto da Napoleone Orsini che conquistò la rocca.

i *provvisionati*, poi, sull'esempio del Colleoni, anche tra le forze sul campo di battaglia; in particolare i milanesi fecero, a partire dal 1440, molto affidamento sulle armi da fuoco, tanto che nel 1482, durante la guerra di Ferrara, il ducato di Milano schierò 1250 schioppi, 352 archibugi e solo 233 balestre. I tempi in cui Paolo Vitelli si rifiutava di usare armi da fuoco, facendo cavare gli occhi e tagliare le mani agli *schioppettieri* prigionieri, erano rapidamente passati. All'inizio, fino al primo quarto del Quattrocento, i fanti saranno utilizzati soprattutto quali truppe di guarnigione, destinate alla difesa delle città e delle piazzeforti ma riprendendo le milizie che avevano caratterizzato gli eserciti comunali, i vari stati diedero sempre maggior importanza alla fanteria: ma si trattò di un embrione di eserciti stabili più che di truppe mercenarie. I condottieri, imbevuti in questo di cultura classica, da Vegezio a Maurizio, preferivano armate piccole ma molto mobili, ritenendo preferibile la manovra allo scontro frontale se non quando decisivo per le sorti della campagna. Federigo da Montefeltro innova la struttura degli eserciti, creando un corpo scelto di balestrieri a cavallo, rapidi negli spostamenti ed in grado di tirare restando in sella grazie a piccole balestre manesche, ma anche in grado di combattere smontati.

Allo stesso modo Federigo e Sigismondo Pandolfo dei Malatesti sviluppano anche l'artiglieria (Sigismondo arriva a disegnare armi di concezione straordinariamente moderna, come granate a frammentazione ed una bombarda a vite!) da impiegare come armi d'assedio, in questo influenzando l'arte militare sino in Borgogna, e sviluppando molto il genio militare: ma sarà Bartolomeo Colleoni ad utilizzare le spingarde contro le truppe del Montefeltro alla Riccardina nel 1467, guadagnandosi la fama di *barbaro et maligno*.

Anche a Monte Celio sarà il fuoco dei falconetti dei Colonnesi a provocare il panico e la fuga delle raccogliticce milizie di Giulio Orsini.

L'artiglieria d'assedio raggiunse il massimo sviluppo con Federigo di Montefeltro, il quale si vantò, in una lettera a Mattia Corvino, re d'Ungheria, dei propri pezzi d'assedio, che portavano nomi come la *Ruina*, la *Crudele* e la *Disperata*. Una delle bombarde più grandi consisteva in due sezioni, che pesavano ciascuna 14.000 ed 11.000 libbre, ed era in grado di sparare proiettili in pietra da 370 o da 380 libbre.

Giustamente Burckhardt scrisse come in Italia, ben prima che altrove, si ebbero una scienza ed un'arte della guerra trattate in modo assolutamente sistematico e razionale, e nella penisola si ebbero i primi esempi di guerre condotte dando maggior enfasi alla manovra, alla sorpresa ed alla tecnologia d'assedio piuttosto che all'urto brutale. Del resto, insieme a questi aspetti, lo sviluppo soggettivo del guerriero preso individualmente (idealizzato già in una sorta di Medioevo eroico, che nel XVI secolo culminerà con l'*Orlando Furioso*) portò ad una coesistenza tra il tecnico ed il cavaliere, tra il condottiero pronto a usare le artiglierie più moderne dell'epoca e ad interpretare il ruolo del paladino devoto alla propria dama, come Sigismondo Pandolfo Malatesta ed Isotta o Federigo di Montefeltro e Battista Sforza. Per comprendere la guerra nell'Italia rinascimentale non ci si deve mai dimenticare il quadro culturale permeato dal classicismo e dall'umanesimo: al condottiero vincitore spettava un'apoteosi che altrove, in Francia o nelle Fiandre, in Inghilterra o in Germania o in Spagna, gli sarebbe mancata: quella che veniva dalla penna degli artisti e degli umanisti. Per restare all'argomento del libro, si pensi al lavoro del Machiavelli *Dell'Arte della Guerra*[12], nei cui dialoghi, ispirati a Platone ed a Luciano, è protagonista Fabrizio Colonna, uno dei vincitori di monte Celio.

La guerra nella penisola non era più un *giudizio di Dio*, ma una vittoria del valore personale del condottiero, della sua abilità di stratega, della sua ragione, una soddisfazione data alle velleità ambiziose di un esercito o di uno stato. Il manovrare avvicina il capitano a Cesare o a Scipione - come nella relazione fatta dal Porcellio per il re di Napoli sulla guerra milanese- veneziana del 1451, in cui Francesco Sforza diviene Annibale, e Jacopo Piccinino l'Africano- ma anche la guerra alla giostra, con tutto il suo apparato anche scenico, tanto che a volte culmina in un duello o in una mischia, come nei poemi cavallereschi o in

---

12   Scritta nel 1519- 1520.

Omero[13].

Da qui il coraggio estremo e la ferocia dimostrata dai cavalieri delle due parti nella battaglia di Monte Celio, dove, come scrisse il Guicciardini nella *Storia d'Italia*,

Stimolandogli non meno la passione ardente delle parti che la gloria e l'interesse degli stati,

la lotta ebbe un carattere di scontro familiare, in cui, oltre al predominio sulla Campagna e sugli Abruzzi, erano in gioco l'onore e la gloria delle rispettive famiglie.

Ancora nel primo trentennio del XVI secolo i condottieri ebbero un ruolo notevole nelle Guerre d'Italia: si pensi a Giovanni dalle Bande Nere ed ai suoi uomini, ma ormai l'importanza delle condotte era andata declinando di fronte alla specializzazione degli eserciti nazionali: svizzeri e lanzichenecchi dapprima, i *tercieros* spagnoli del *Gran Capitàn* Consalvo de Cordoba, ma anche italiani, come gli *stradioti* veneziani, e, inoltre, l'eccessiva prudenza nell'utilizzare quella che era un'importante risorsa economica per il condottiero- imprenditore evitando dunque di impegnarla a fondo in scontri distruttivi provocherà la durissima invettiva di Niccolò Machiavelli, condanna che peserà da allora su tutta la storia dei condottieri, anche se deve esser riferita - e con grande cautela- solo all'epoca dello statista fiorentino[14]: nella battaglia di Monte Celio si ebbero un gran numero di morti- si pensa ad una cifra tra quattrocento (la più realistica) ed ottocento ma qualche autore parla addirittura di quattromila sicuramente esagerando, o trascrivendo male i quattrocento caduti della cronaca del Sansovino. E' però significativo, per il nostro studio, che Machiavelli faccia un'eccezione, e stimi Fabrizio Colonna, il vincitore, o uno dei vincitori, della battaglia di cui ci occupiamo al punto di farne il protagonista colto, sagace, geniale, dell'*Arte della Guerra*.

---

13   Oltre alla celeberrima disfida di Barletta (1503) organizzata da Prospero Colonna, uno dei protagonisti della battaglia di Monte Celio, si può citare il duello tra Galeazzo Gonzaga ed il maresciallo di Francia Boucicault del 1476 a Cagnola: Burckhardt, *La civiltà del Rinascimento in Italia*, op. cit., pp. 98- 99.

14   Si deve ricordare che, come scrisse Federico Chabod, *le* Istorie fiorentine…. *più volte alterano di proposito le cose (così per le notizie di carattere militare, che Machiavelli altera sistematicamente, per dir male dei condottieri)*: F. Chabod, *Lezioni di metodo storico*, 14° ed., Roma- Bari, 1999, p.6.

▲ Cavaliere pesante in armatura e cavaliere con protezione in cuoio e mazza ferrata. Il primo, evidentemente appartenente all'alta nobiltà o di grandi possibilità economiche indossa un'armatura all'italiana di produzione milanese di ultimo modello, mentre il secondo, equipaggiato a spese del condottiero o della casata di cui è al servizio, riutilizza protezioni più vecchie, come l'elmo a becco di passero. Italia centrale, tardo XV secolo.

▲ *Uomo d'arme degli Orsini e Cavaliere pesante in armatura. Il Cavaliere indossa un'armatura in stile gotico, probabilmente importata o di produzione milanese, divenuta di moda dopo la spedizione italiana di Carlo VIII di Francia. Italia centrale, tardo XV secolo*

LE FAMIGLIE IN LOTTA

GLI ORSINI

Come per tutte le famiglie le cui origini si perdono nei tempi antichi, stabilire le vere radici è un'operazione particolarmente difficile, specialmente se queste famiglie sono diventate importanti e hanno cercato radici particolari durante il Rinascimento. Secondo queste antiche genealogie, il fondatore della dinastia sarebbe stato un certo Orso, nobile romano sposatosi per due volte e padre di cinque figli. Dal primo matrimonio sarebbero nati Giordano e Costanzo, mentre dal secondo Amalrico, Amedeo e Pantaleone. Da Costanzo deriverebbe la linea romana, mentre da Amalrico la linea piemontese. Sempre in base a queste antiche genealogie, viene affermato che i pontefici Stefano II e Paolo I facciano parte della famiglia, come pure le dinastie tedesche di Anhalt e Baden e quella ceca di Rosenberg. Tuttavia, studi più approfonditi effettuati alla fine del XIX secolo, hanno chiarito che tutte queste ipotesi sono fantasiose e che gli Orsini sono una famiglia autenticamente e solamente romana.

La famiglia Orsini è collegata con la famiglia Bobone, famiglia che compare negli atti a partire dall'inizio dell'XI secolo. Infatti nei documenti appaiono quasi sempre con il doppio cognome Orsini-Bobone e addirittura alcuni componenti alternano i cognomi quasi a significare che sono la stessa cosa.

Comunque il primo filo genealogico sicuramente orsino parte da un certo Bobone (vivente nella prima metà del XII secolo), padre di Pietro, a sua volta padre di Giacinto dei Bobone (1110 – Roma, 8 gennaio 1198), futuro Papa Celestino III.

Celestino III fu l'artefice della fortuna della dinastia. Creato cardinale diacono da Celestino II nel 1144, salì al soglio pontificio nel 1191. Visse una grave crisi con l'imperatore Enrico VI che perseguiva una politica fortemente aggressiva nei confronti della Chiesa. Fu anche il primo pontefice che perseguì una politica nepotistica in forma quasi scientifica. Creò cardinali due nipoti e, nel 1191, permise al cugino Giovanni, noto come Giangaetano (? – 1232), di comprare i feudi di Vicovaro, Licenza, Roccagiovine e Nettuno. Questi feudi avrebbero costituito il primo nucleo della potenza territoriale della famiglia. Da Giangaetano si perse il cognome Bobone ed i suoi figli vennero definiti *de domo filiorum Ursi*. Due di questi, Napoleone (vivente tra il 1244 ed il 1262) e Matteo Rosso (1178 – 13 ottobre1246), incrementarono notevolmente il prestigio ed il potere della famiglia. Napoleone, fondatore della prima linea meridionale, estintasi nel 1553 con Camillo Pardo (? – 1553), ottenne la città di Manoppello, poi eretta in Contea, e fu Gonfaloniere della Chiesa. Matteo Rosso, detto il Grande, rimase nell'orbita romana scontrandosi con le altre famiglie per il controllo della città. Nel 1241 sconfisse le truppe imperiali divenendo padrone assoluto di Roma per circa due anni, con la carica di Senatore. Furono senatori anche i suoi figli ed il fratello Napoleone. In questo periodo di tempo scacciò da Roma i Colonna e pose definitivamente gli Orsini nell'orbita guelfa.

I territori controllati dalla famiglia si estendevano, a sud fin quasi ad Avellino ed a nord fino a Pitigliano. Matteo Rosso ebbe una decina di figli tra i quali divise i feudi: Gentile (? – 1246) diede origine alla linea di Pitigliano ed alla seconda linea meridionale, Rinaldo (vivente tra il 1262ed il 1286) a quella di Monterotondo, Napoleone a quella di Bracciano (? – 1267) e un altro Matteo Rosso (? – 1282) a quella di Montegiordano. Tra i suoi figli, comunque, colui che si distinse maggiormente fu Giovanni Gaetano (? – Soriano, 23 agosto 1280). Questi in un primo tempo appoggiò Carlo I d'Angiò (marzo 1226 – 7 gennaio 1285) contro gli Svevi, in seguito, una volta eletto papa, portò avanti una politica antifrancese. Anche Niccolò III portò avanti una politica fortemente nepotistica nominando il nipote Bertoldo (? – 1289) conte di Romagna e creando cardinali due nipoti ed un fratello. Nel 1280, favorendo la pace tra Rodolfo I (1° maggio 1218 – 15 luglio 1291) e Carlo I, ottenne un grosso successo diplomatico: il papa dopo anni di eclissi tornava in primo piano come arbitro della politica internazionale. La morte di Niccolò III non impedì, comunque, l'ascesa della dinastia.

Dopo Bertoldo Conte di Romagna, il figlio di questi, Gentile II, continuò la politica d'espansione familiare. Divenne varie volte Senatore di Roma, fu podestà di Viterbo e, nel 1314, assunse la carica di gran giustiziere ereditario del Regno di Napoli, una delle sette cariche più importanti del regno. Si sposò con Clarice Ruffo, figlia del conte di Catanzaro, alleandosi così con la massima dinastia calabrese. Il figlio Romano (1268 – 1327), detto Romanello, fu Vicario Regio di Roma nel 1326, ed eredità la contea di Soana dal suo matrimonio con Anastasia de Montfort (1273 – 1306). Anche in questo periodo, caratterizzato dalla cattività avignonese, la politica di Romano fu nettamente guelfa.

Alla sua morte divise il feudo tra i suoi due figli creando così la seconda linea meridionale e quella di Pitigliano. Roberto Orsini, primogenito di Romanello, sposò Sveva del Balzo (1300 – 1336), figlia di Ugone, conte di Soleto e gran siniscalco del Regno di Napoli, appartenente alla più potente famiglia nobile meridionale, imparentata con la dinastia angioina e quella aragonese.Dal1318 e fino al 1337 aggiunsero ai loro possedimenti la città di Arta e altre aree dell'Epiro.

Dei suoi figli:

Giacomo (? – 1379) fu creato cardinale da Gregorio XI nel 1371

Nicola (27 agosto 1331 – 14 febbraio 1399), eredità dalla moglie le contee di Ariano e Celano; fu Senatore di Roma e rettore delpatrimonio di San Pietro; ingrandì la potenza della famiglia nel Lazio e in Toscana; continuò con successo la politica matrimoniale dinastica.

Il suo secondogenito, Raimondo del Balzo Orsini, detto Raimondello (1361 – 17 gennaio 1406), appoggiò il colpo di stato di Carlo III di Napoli (1345 – 24 febbraio 1386) ai danni di Giovanna d'Angiò (1327 – 12 maggio 1382) rimanendo in ottimi rapporti col re, ma il suo successore, Ladislao I d'Angiò (11 luglio 1376 – 6 agosto 1414) cambiò atteggiamento cercando di frenare il potere dei suoi feudatari.

La situazione peggiorò nel 1403, quando il re fu oggetto di una congiura in cui erano implicate le maggiori famiglie del regno. I Sanseverino furono sterminati, i Ruffo subirono numerose confische e Raimondello dovette subire una guerra, alla quale riuscì a resistere. Morì nel 1406. L'anno successivo la vedova Maria d'Enghien (1367 – 9 maggio 1446) fu costretta a sposare Ladislao, che le confiscò i feudi. Alla morte di Ladislao I ascese al trono la sorella Giovanna II d'Angiò (25 giugno 1373 – 2 febbraio 1435. I rapporti tra gli eredi di Raimondello e la regina erano molto freddi, ma le cose cambiarono quando, grazie all'intervento delle truppe di Maria d'Enghien e del figlio Giannantonio (1386 – 15 novembre 1463, il tentativo di usurpazione di Giacomo di Borbone fallì. La regina, per sdebitarsi, restituì il principato di Taranto a Giannantonio.

Con l'avvento al potere di Sergianni Caracciolo (1372 – 19 agosto 1432), amante della regina e gran siniscalco del regno, i rapporti con gli Orsini migliorarono sempre di più, tanto che il fratello minore di Giannantonio sposò una figlia del Caracciolo. Sergianni convinse la regina a nominare erede Alfonso V d'Aragona (1396 – 27 giugno 1458) in contrasto con Luigi III d'Angiò (1403 – 12 novembre 1434) appoggiato da papa Martino V (1368 – 20 febbraio 1431). Ulteriori vicende portarono la regina a favorire il francese, ma gli Orsini continuarono a spalleggiare l'aragonese. Dopo la morte di Sergianni, si affermò il partito filofrancese e Giannantonio subì la discesa di Luigi III. Fu salvato solo dalla morte dell'angioino. Nel frattempo morì anche Giovanna e l'Orsini fu ricompensato da Alfonso V con il ducato di Bari, la carica di gran connestabile e l'appannaggio di 100.000 ducati. Giannantonio fu fedele

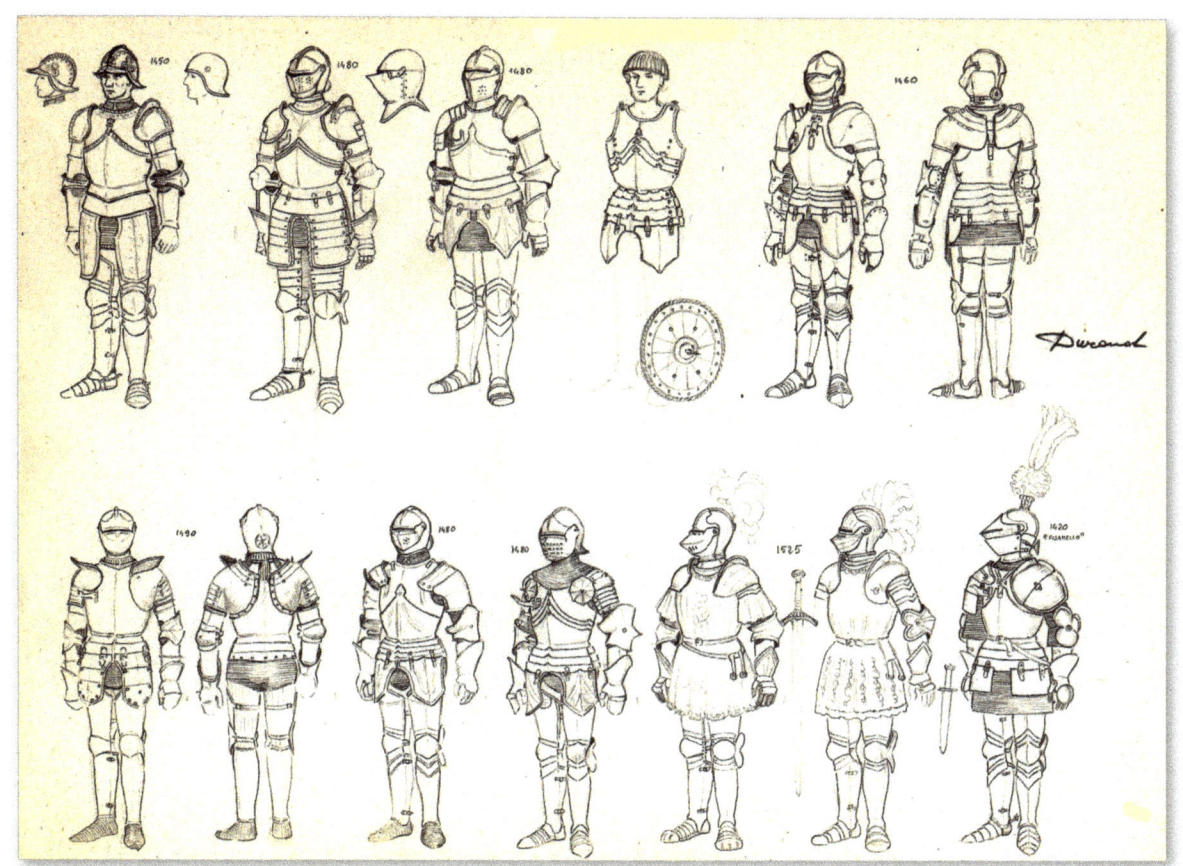

▲ *Armature militari italiane tra la fine del XV secolo e l'inizio del XVI. Tavola di Nadir Durand*

anche a Ferdinando I di Napoli, successore di Alfonso, che lo fece uccidere dopo una rivolta di nobili. L'Orsini non ebbe figli legittimi, solo naturali, per questo l'asse ereditario passò quasi totalmente nelle mani di Ferdinando.

Guido Orsini era il secondogenito di Romano Orsini. Nella spartizione dei beni, ereditò la contea di Soana (oggi Sovana). Egli e i suoi discendenti, insieme ai cugini del ramo meridionale, governarono i feudi di Pitigliano, Soana e Nola con il sistema associativo tipico delle famiglie baronali romane.

Agli inizi del XV secolo scoppiarono delle rivalità con Siena ed i Colonna che portarono alla perdita di molti territori. Tra il 1406 ed il 1410 il nipote di Guido, Bertoldo (? - 1417), perse quasi tutti i feudi, riuscendo a recuperare Pitigliano. Orso (? – 5 luglio 1479, nipote, forse illegittimo, di Bertoldo, fu Conte di Nola e condusse vita da mercenario al soldo del duca di Milano e dei veneziani. In seguito passò al servizio di Ferdinando I di Napoli ma non partecipò alla congiura dei baroni, tanto che il sovrano lo ricompensò con i feudi di Ascoli e Atripalda. Prese parte alla campagna di Toscana del 1478 e fu presente all'assedio di Viterbo, dove perse la vita.

Il personaggio più rappresentativo di questa linea fu il conte Niccolò (1442 – 1510). Fu un grande condottiero. Iniziò la sua carriera al servizio di Jacopo Piccinino, poi si mise al soldo di Firenze contro Ferdinando I, che aveva appoggiato la Congiura dei Pazzi. Partecipò anche alla Guerra del Sale del 1482 e all'assedio di Nola del 1494. Subito dopo si mise al soldo di Venezia con il grado di capitano generale delle forze della Serenissima, distinguendosi nella conquista di Cremona. In seguito restò sempre al servizio dei Veneziani. Nel 1509 fu il principale responsabile della sconfitta veneta nella battaglia di

Agnadello. Suo figlio Ludovico (? – 27 gennaio 1534) e suo nipote Enrico (? – 1528) parteciparono alle guerre tra francesi e spagnoli passando disinvoltamente da un campo all'altro. Due figlie di Ludovico contrassero illustri matrimoni: Geronima sposò il Pier Luigi Farnese, figlio naturale di Alessandro Farnese, e Marzia sposa Gian Giacomo Medici Marchese di Marignano, un grande generale spagnolo. La decadenza della linea di Pitigliano iniziò, tuttavia, con il conte Ludovico. Costui perse Nola e fu costretto ad accettare la supremazia della repubblica di Siena su Pitigliano. Nel 1555 suo figlio Giovan Francesco (prima del 1510 – 8 maggio 1567) fece atto di sottomissione al granduca di Toscana e portò le residenze della famiglia a Roma ed a Firenze. In seguito il conte Alessandro (? – 9 febbraio 1604) pretese di succedere nei domini della linea di Monterotondo, ma Gregorio XIII si oppose.

Nel 1604, suo figlio Giannantonio (25 marzo 1569 – 1613), vendette Pitigliano al Granduca di Toscana. In cambio ottenne il marchesato di Monte San Savino. Gli Orsini di Pitigliano, ultimi discendenti della linea di Gentile, si estinsero nel 1640 con Alessandro (? – 1640).

Al terzogenito di Matteo Rosso il Grande, Rinaldo, toccò la signoria di Monterotondo. Da questa posizione privilegiata i suoi discendenti presero parte attiva alle lotte nella Roma medioevale. Almeno tre componenti della famiglia ricoprirono la carica di senatore di Roma e molti altri abbracciarono il mestiere delle armi. Nel 1370 Francesco fu al servizio dei fiorentini nella guerra contro i Visconti.

Orso (? – 24 luglio 1424) morì al servizio del re di Napoli nella battaglia di Zagonara (1424), mentre combatteva il Duca di Milano. I suoi figli Giacomo (? - 1482) e Lorenzo (? – 1452) militarono nelle file pontificie, napoletane e fiorentine. Una figlia di Giacomo, Clarice (1453– 30 luglio 1488), divenne la moglie di Lorenzo il Magnifico. Franciotto Orsini (1473 – 10 gennaio 1534) fu creato cardinale da Leone Xnel concistoro del 1° luglio 1517.

Il personaggio più rappresentativo di questa linea fu Giovanni Battista Orsini (? – 22 febbraio 1503), creato cardinale da Sisto IV (21 luglio 1414 – 12 agosto 1484) nel concistoro del 15 novembre 1483. Contrastò la politica nepotistica di Innocenzo VIII (1432 – 25 luglio – 1492) e fu tra i fautori dell'elezione di Alessandro VI (1° gennaio 1431 – 18 agosto 1503), che da speranza di giustizia divenne giustiziere della famiglia. Papa Borgia perseguiva lo scopo di creare uno stato all'interno del papato con a capo il figlio Cesare (13 settembre 1475 – 12 marzo 1507). Questi tra il 1500 ed il 1501 eliminò i Riario di Forlì, i Malatesta di Rimini, gli Sforza di Pesaro e iManfredi di Faenza. Nel 1502 prese Camerino ed Urbino, ma, quando puntò su Bologna cinque suoi capitani, tra cui due Orsini, organizzarono la sua eliminazione. Sembra che l'ispiratore della cosiddetta congiura della Magione, che fallì a causa della disorganizzazione dei congiurati, fosse proprio il cardinale Giovanni Battista Orsini. Con uno stratagemma Cesare Borgia catturò i cospiratori, che furono uccisi nel 1503. La stessa sorte toccò al cardinale ed a molti rappresentanti della famiglia.

Sul finire del XVI secolo la dinastia decadde. Molti suoi componenti furono coinvolti in tristi vicende e persero i feudi per confische o furono assassinati. Enrico (? – 12 settembre 1643) e Francesco (1592 – 21 settembre 1650), gli ultimi rappresentanti della linea, vendettero Monterotondo alla famiglia Barberini nel 1641.

La linea di Bracciano fu originata da Napoleone, altro figlio cadetto di Matteo Rosso il Grande, a cui toccarono Bracciano, Nerola e altre terre. Come tradizione di famiglia, ricoprì la carica di senatore di Roma nel 1259. Molti componenti di questa linea ricoprirono varie cariche municipali nella Roma del XIV secolo insieme ai Colonna, ai Savelli ed agli Annibaldeschi. Nel Lazio, i signori di Bracciano furono la linea più potente degli Orsini. Grazie alla compattezza dei loro domini, alla loro posizione strategica e alla costruzione della fortezza sul lago di Bracciano, da cui potevano controllare l'accesso a Roma, questa famiglia raggiunse ben presto una posizione di privilegio tra i nobili della città eterna. Da un altro Napoleone (? – 3 ottobre 1480) figlio del conte Carlo (? – dopo il 1485), Gonfaloniere della Chiesa e da Francesca Orsini di Monterotondo nacque Gentile Virginio (? – 1497), uno dei maggiori personaggi della politica italiana della fine del XV secolo.

Nel 1480, alla morte di Napoleone, Gentile Virgilio subentrò al padre ed aggiunse ai propri altri feudi, portati in dote dalla moglie, Isabella Orsini, figlia di Raimondo 1° Principe di Salerno e di Eleonora d'Aragona dei Conti di Urgell. A causa di questo matrimonio, Gentile Virgilio divenne il favorito di Ferdinando I di Napoli, che lo elevò alla carica di Connestabile. Insieme al cugino, il cardinale Giovanni Battista Orsini, fu il più accanito oppositore dei papi Innocenzo VIII e Alessandro VI.

Innocenzo VIII intendeva sostituire Ferdinando I con un sovrano più fedele alla Chiesa (il regno di Napoli era in teoria un feudo ecclesiastico) per controllare gli uffici e le rendite provenienti da quel territorio. Per questo il papa cercava ogni pretesto per favorire sollevazioni o congiure contro il re.

Ferdinando I, dal canto suo, era nato illegittimo e rischiava comunque e sempre di veder contestato il suo potere. Tuttavia, Innocenzo VIII aspirava anche a creare uno stato familiare, pertanto investì il figlio Franceschetto Cybo (1449 – 25 luglio1519) della contea d'Anguillara, uno dei feudi più importanti del Lazio. Alla morte del padre, Franceschetto si trasferì in Toscana e vendette la contea a Gentile Virginio, che la comprò nel 1492.

Con l'ascesa al soglio pontificio di Alessandro VI la situazione si fece cupa. Il papa tramava per occupare Anguillara e neutralizzare Ferdinando I. Si alleò con il duca di Milano, Ludovico il Moro (27 luglio 1452 – 27 maggio 1508), che chiamò Carlo VIII di Francia (30 giugno 1470 – 7 aprile 1498).

Temendo un conflitto generalizzato, Ferdinando I spinse Gentile Virginio ad accordarsi con il pontefice. Ne risultò un accordo che fu di breve durata per la morte di Ferdinando I. Era il 25 gennaio del 1494. Il Duca di Milano si accordò con Carlo VIII, che si convinse di una facile vittoria su Alfonso II di Napoli (4 novembre 1448 – 18 dicembre1495), che era considerato debole. Alessandro VI prese una posizione ambigua pronto a trarre il massimo vantaggio personale da qualsiasi situazione si fosse presentata.

Gli altri stati italiani, soprattutto Venezia e Firenze, si dichiararono neutrali.

Carlo VIII scese in Italia con un forte esercito nel settembre del 1494. Gentile Virginio fu messo al comando delle truppe pontificie di Romagna ma, catturato dal nemico assieme ad altri componenti della sua famiglia, arrivò ad uno accordo con Carlo VIII: evitava di combattere per il francese ma permetteva ai figli e agli altri parenti di farlo, in cambio otteneva la salvaguardia di Bracciano e dei suoi stati. In questo modo Gentile Virginio non tradì ufficialmente il Re di Napoli e non disturbò troppo il Papa.

Nel frattempo a Napoli Alfonso

▲ *Blasone degli Orsini*

II, successore di Ferdinando I, fu costretto ad abdicare ed il nuovo sovrano, Ferdinando II di Napoli 26 agosto 1469 – 7 settembre 1496), si ritrovò con uno stato invaso ed in preda alle lotte intestine. La capitale venne subito occupata e il re si ritirò prima ad Ischia e poi in Sicilia. Comunque, nella battaglia di Fornovo (1495), Carlo VIII fu sconfitto e dovette tornare in Francia. Nel frattempo Ferdinando II iniziò la riconquista del regno.

Dopo la battaglia, anche Gentile Virginio riuscì a scappare e si ritirò a Bracciano. L'anno successivo, però, tradì definitivamente Ferdinando II, che gli confiscò i beni, e si diresse in Abruzzo per liberarlo dalle bande dei Colonna. Nel regno di Napoli le cose non andarono bene ed il comandante supremo francese Gilberto di Borbone, conte di Montpensier, fu costretto ad una resa umiliante: avrebbe avuto salva la vita ed un lasciapassare per se ed i suoi se si fosse consegnato insieme agli Orsini.

Ferdinando II, comunque, non rispettò il patto e li fece imprigionare. Gentile Virginio venne tradotto in Castel dell'Ovo a Napoli. Ferdinando II e Alessandro VI si accordarono per eliminarlo ed il signore di Bracciano venne avvelenato nel 1497.

La morte di Gentile Virginio, le relative confische e la successiva strage del 1503, produssero un forte indebolimento della famiglia. Tuttavia, la morte di Alessandro VI e l'elezione di papi amici o parenti degli Orsini (Giulio II, Leone X e Clemente VII), fecero tirare un sospiro di sollievo alla famiglia.

Il figlio di Gentile Virginio, Giangiordano (? – 1517), fu Principe Assistente al Soglio Pontificio, qualifica che elevò il ramo di Bracciano al di sopra degli altri. Suo nipote Virginio, conte d'Anguillara (1498 – 1548), fu un famoso ammiraglio, prima pontificio poi al soldo della Francia, dopo che gli furono confiscati i feudi con l'accusa di tradimento nel 1539. La più curiosa impresa di Virginio fu il cordiale accordo con il pirata turco Khair-ad-din (? - 1546), suo avversario nelle campagne in terra d'Africa.

Nel 1560 Paolo Giordano I (1541 – 13 novembre 1585) fu creato primo duca di Bracciano. Militò come capitano alla battaglia di Lepanto (1571). Sposò la figlia del Granduca di Toscana Cosimo I, Isabella de' Medici, che strangolò in un eccesso di gelosia nel 1578. Dopo l'uxoricidio fuggì a Roma e si legò a Vittoria Accoramboni, moglie di un nipote di Sisto V, il quale venne assassinato su suo incarico nel1583. Dopo quest'altro omicidio, inseguito dalla giustizia pontificia e dai sicari del Granduca di Toscana, fuggì nel nord Italia con l'amante, sposandola nel 1585. Nel dicembre dello stesso anno l'Accoramboni venne assassinata da Ludovico Orsini di Monterotondo, che voleva vendicare la morte del fratello Roberto (ucciso perché implicato in una faida con il duca Paolo Giordano). Ludovico venne eliminato qualche giorno dopo per ordine delle autorità venete che lo avevano arrestato.

Il capostipite della linea dei duchi di Gravina ancor oggi esistente, aveva i suoi feudi principalmente nel Lazio e ricopriva la carica di prefetto perpetuo dell'Urbe, quando nel1418 venne chiamato a Napoli da Sergianni Caracciolo.

Francesco fu il difensore di Napoli contro le truppe angioine, che sconfisse il 28 settembre 1418. In seguito sposò una ricca ereditiera pugliese che gli portò in dote la contea di Gravina e molti altri benefici. Nel 1421 fu tra i fautori dell'adozione di Alfonso V d'Aragona da parte di Giovanna II.

Alfonso V lo ricompensò con la contea di Copertino, alla quale si aggiunsero quelle di Conversano e Campagna. Sposò in seconde nozze Ilaria Stellato che gli portò in dote il feudo di Ceppaloni; egli fu anche feudatario di Terranova- Fossaceca e Monteverde in Campania.

Fu creato Duca di Gravina nel 1436, titolo che fu confermato definitivamente al figlio Giacomo (? - 1472). Due dei suoi figli naturali, Marino (? – 1471) e Giovanni Battista (? – 8 giugno 1476) divennero rispettivamente arcivescovo di Taranto e gran maestro dell'ordine di San Giovanni di Rodi.

Il 4° duca, Francesco, che aveva combattuto a Monticelli nel 1498 , fu strangolato da Cesare Borgia nel 1503. Un suo nipote, Flavio Orsini, fu creato cardinale nel 1565.

I COLONNA

Antica famiglia patrizia romana - tra le più antiche documentate dell'Urbe - la famiglia Colonna fu una delle famiglie più potenti e influenti di Roma e d'Italia nel Medioevo, alla quale donò alcuni dei più illustri condottieri. Uno dei motti della famiglia è *Mole sua stat* ("sta fermo sul suo peso", "sta fermo sulla sua grandezza").

Le sue origini vengono addirittura fatte tradizionalmente risalire alla *Gens* Iulia essendo essa un ramo della potente famiglia dei Teofilatti di Roma (o Conti di Tuscolo). Il primo membro accertato della dinastia discendente dalla Gens Anicia fu il potentissimo Senatore romano Teofilatto detto *Gloriosissimo Dux*, membro degli *Optimates* Romani, *Judex Palatinus*, *Magister Militum*, *Sacri Palatii Vestararius* forse figlio di Gregorio *Nomenclator* e *Apocrisario* della Corte Pontificia, che ebbe una parte di rilievo nelle vicende legate a Papa Giovanni VIII e al partito *Formosiano*.

Fu signore di Monterotondo, Poli, Anticoli Corrado, Guadagnolo, Rocca di Nitro, Rocca dei Sorci, Saracinesco, Segni, Valmontone, Alatri, Guarcino, Collepardo, Soriano, Paliano, Sora, Celano e e Sonnino: alcuni di questi feudi appartengono tuttora ai discendenti di Teofilatto.

La famiglia de Conti di Tuscolo generò ben 5 pontefici e annovera oltre che a Teofilatto e la moglie Teodora la celeberrima figlia Marozia, al tempo la donna più potente della penisola, che per cupidigia instaurò in Roma quel regime detto pornocrazia di cui essa fu l'artefice, per assoggettare a sé l'intera penisola, riuscendoci per due decenni grazie alla sua politica matrimoniale, che la portò ad essere concubina di papi e moglie di re, tra cui Alberico duca di Spoleto e Camerino, il marchese Guido di Toscana e il conte Ugo di Provenza, poi re d'Italia.

Stando alla leggenda, le origini dei Colonna attraverso i Conti di Tuscolo giungerebbero sino alle *Gens Julia* e ad Enea. Nella genealogia fatta stilare nel *Magna Familia Colonna* dal cardinale Gerolamo Colonna, patriarca di Venezia, tra gli stipiti della famiglia compaiono Gaio Mario e Giulio Cesare per poi risalire da lì alla *Gens Romilia* e conseguentemente ad Enea, figlio di Anchise e di Venere.

Secondo una tradizione non verificata, il nome della casata deriverebbe dalla colonna Traiana, presso la quale i Colonna avrebbero avuto la loro dimora avita. In realtà, il loro nome deriva da un loro possedimento: il castello del paese Colonna, situato sui Colli Albani, che la famiglia possedeva fin dall'inizio dell'XI secolo.

Tra gli stipiti accertarti ricordiamo il citato Alberico di Spoleto duca di Spoleto e marchese di Camerino, marito

▲ *Blasone dei Colonna*

di Marozia. Col cognome Colonna, la famiglia vanta il pontefice Martino V, nonché una schiera di 36 cardinali, tra cui il primo, Giovanni Colonna eletto nel 1192. Una tradizione ci ricorda che gli stessi Hohenzollern di Germania pretendessero di discendere da un Colonna fuggito da Roma.

La famiglia a metà del XIII secolo possedeva a Roma il Mausoleo di Augusto ed il monte Citorio, mentre fuori Roma possedeva molti castelli: Colonna, Palestrina, Zagarolo, Capranica, Pietraporzia.

Un certo "Petrus", figlio di Gregorio II Conte di Tuscolo, è il primo dei Colonna di cui si ha conoscenza storica; nel 1064, dopo la morte di Gregorio, Pietro assumendo l'appellativo "de Columna" dandone il nome alla famiglia. Difficile, data la scarsità di fonti, definire con sicurezza la diretta parentela tra Pietro "de Columna" e Gregorio II, anche se l'allodio di un *castrum* tanto vicino alla città di Tuscolo e il possesso di metà della città stessa sembra essere prova piuttosto sicura di un profondo legame agnatizio tra i due.

Da quest'epoca, la famiglia iniziò a crescere in potenza, soprattutto, perché alcuni dei suoi membri divennero cardinali: fra essi Giovanni, cardinale di Santa Prisca nel 1193 e cardinale vescovo di Sabina nel 1205, protettore di Francesco d'Assisi. Un altro Giovanni fu cardinale di Santa Prassede dal 1212 e, proprio con quest'ultimo, che favoriva i ghibellini, iniziarono le ostilità contro gli Orsini, ferventi guelfi.

Le lotte continuarono con Ottone Colonna, senatore di Roma (1279-1280) e con il figlio di costui, Pietro, anch'egli creato cardinale nel1288 da Niccolò IV. Un terzo Giovanni, nipote del cardinale di Santa Prassede, studiò a Parigi, fu domenicano, arcivescovo di Messina(1255) e vicario di Roma (1262); accompagnò come legato l'esercito di Luigi IX in Egitto, dove, catturato dai Saraceni, fu da loro liberato per il suo coraggio.

L'episodio attraverso il quale i Colonna sono universalmente noti è lo scontro che, tra il 1296 e il 1303, li contrappone a papa Bonifacio VIII. Il tentativo da parte del pontefice, al secolo Benedetto Caetani, di far emergere la propria famiglia passava necessariamente attraverso l'acquisizione di terre e titoli nel territorio basso laziale al fine di creare un nucleo forte e coeso di possedimenti intorno la città di Anagni (luogo di origine della famiglia). I modi alteri e a volte violenti tramite i quali l'allora cardinale Benedetto eseguì queste acquisizioni lo portano ad inimicarsi un gran numero di famiglie dell'aristocrazia rurale della Campagna; in breve i Caetani riescono, nel giro di pochi anni, ad emergere vistosamente tra le famiglie laziali e a costituire un elemento pericoloso per le consorterie familiari prima fra tutte, ovviamente, i Colonna che hanno in Palestrina il centro del loro potere territoriale.

L'elezione al soglio pontificio del cardinale Caetani, che prende il nome di Bonifacio VIII (elezione che va ricordato venne appoggiata dai due cardinali Colonna Giacomo e Pietro), inasprisce sempre di più i rapporti tra le parti fino a quando, il 3 maggio del 1297, Stefano Colonna il Vecchio saccheggia con le sue truppe un convoglio personale del papa rubando l'enorme somma di duecentomila fiorini d'oro.

Lo scontro diventa in breve furioso. Mentre il 10 maggio, in concistoro, il papa (con la bolla *In excelso trono*) dichiara i due cardinali decaduti e confisca tutti i beni appartenuti alla famiglia, i Colonna, nel castello di Lunghezza, procedono alla redazione del famoso "manifesto" che nei suoi punti essenziali condanna il papa Caetani denunciando l'illegalità dell'elezione e accusandolo della responsabilità per la morte di Celestino V.

Il conflitto, divenuto guerra aperta, si snoda attraverso episodi di altissimo livello quali la crociata, lanciata il 14 dicembre 1297, contro i beni e le persone dei Colonna (da notare la straordinaria importanza di un simile atto che va detto forse per la prima volta nella cristianità un papa bandisce una crociata contro altri cristiani, di antichissima e rinomatissima famiglia che aveva fino a pochi mesi prima

▲ Uomo d'arme dei Colonna e balestriere dei Caracciolo.

due cardinali al proprio interno) e il lunghissimo assedio della città di Palestrina che, stando ad Eugenio Duprè Thesèider, è da ritenersi, con i suoi quasi due anni, il più lungo assedio del Medioevo nel Lazio. La guerra si conclude nel 1298 con la sconfitta dei Colonna, la dispersione della famiglia e la distruzione della gran parte dei loro beni (Palestrina pur essendo sede suburbicaria, venne rasa al suolo facendone arare le macerie, cospargendole simbolicamente di sale per impedirne la rinascita).

I membri della famiglia, ed in particolare i cardinali, fuggendo diventano oggetto della caccia del papa. Lo scontro tra il Filippo IV il Bello e Bonifacio VIII si snoda negli anni ma è solo nel 1303 che la volontà di Bonifacio VIII di ergersi quale giudice supremo dei sovrani laici porta alla rottura definitiva. Il principale artefice dell'altro evento universalmente noto come "oltraggio di Anagni" è il guardasigilli del re Guglielmo di Nogaret il quale, mentre si trova in Italia, tramite il suo pupillo Plaisians, il 13 giugno promuove (per la seconda volta) il cartello d'accusa al Papa che questa volta viene accettato anche dal Re e reso pubblico. Il papa venuto a sapere ciò prepara la scomunica per il sovrano francese che sarà resa pubblica l'8 settembre 1303 aprendo la strada agli eventi di Anagni. Intanto, il 7 settembre 1303 un nucleo di armati, guidati da Guglielmo di Nogaret e da Sciarra Colonna, irrompono in Anagni e dopo alcune ore di lotta prendono prigioniero il papa. Le vicende che seguono vedono i piani del Nogaret frustrati, poiché egli voleva condurre il pontefice in Francia al fine di sottoporlo a processo, mentre i suoi alleati, forse, avrebbero auspicato un'azione più dura. La sommossa popolare che segue li costringe ad una fuga precipitosa; il papa, sebbene liberato dalla gente anagnina, si rifugia sotto la protezione degli Orsini in Roma dove, forse a causa dell'umiliazione, muore poco dopo, probabilmente d'infarto.

Con Martino V (Oddone Colonna), Papa dal 1417 al 1431, che succedette a Gregorio XII, il potere temporale del papato ebbe un nuovo periodo di splendore.

Pur avendo partecipato al Concilio di Pisa (1409) ed a quello di Costanza (1414-1418), appoggiando tesi conciliaristiche fra la Chiesa di Avignone e quella di Roma, dopo il suo rientro a Roma (1420), Martino V lavorò per la riedificazione spirituale e morale dell'autorità pontificia, rifiutando l'applicazione dei decreti conciliari che ledevano l'autorità papale. Dopo varie trattative, riuscì a sanare il grande scisma, ottenendo la rinuncia dell'Antipapa Clemente VIII (1429).

Contrastò le tendenze autonomiste della nazione francese e si dimostrò tollerante verso gli ebrei, mitigando le misure vessatorie introdotte contro di loro dal suo predecessore. Protesse e favorì largamente gli esponenti della sua famiglia che riacquisirono i loro feudi storici di Palestrina, Zagarolo, Genazzano e Colonna e ottennero molti feudi in Italia meridionale (Amalfi, Salerno) e nel Lazio (Ardea, Nettuno, Astura, Frascati, Marino, Rocca di Papa, Capranica, Paliano e Sonnino), dando inizio a quella pratica che va sotto il nome di nepotismo.

Morì a Roma nel 1431; gli succedette Eugenio IV. Questi ultimi revocò tutti i privilegi che i Colonna avevano conseguito sotto Martino V, i quali non accettarono le decisioni del Papa e lo costrinsero a fuggire in barca lungo il Tevere per rifugiarsi prima a Firenze e poi a Bologna. Eugenio IV reagì scomunicando i Colonna.

La scomunica comportava la confisca dei beni. I Colonna non cedettero e scoppiò la guerra. Gli ottomila fanti del Papa riconquistarono alla Chiesa Albano, Castel Gandolfo, Civita, Zagarolo e perfino Palestrina feudo principale dei Colonna, ma non riuscirono nella conquista del Castello di Lariano e dei suoi territori, che capitolò più tardi quando il Papa inviò ben quattromila fanti ad assediare Lariano a cui si aggiunsero altri ottocento soldati di Velletri, guidati da Paolo Annibaldi della Molara.

I CONDOTTIERI

Sapere nella guerra conoscere l'occasione e pigliarla, giova più che niuna altra cosa.

(attr. a Fabrizio Colonna da N. Machiavelli, Dell'Arte della Guerra, 1519- 1520)

ANTONELLO SAVELLI

Antonello, Signore di Albano Laziale, era figlio di Cristoforo Savelli e zio del condottiero Troilo. Lotta con i Colonna contro il cardinale Girolamo Riario nipote di Sisto IV della Rovere. E' scomunicato ed i suoi beni sono confiscati.Fa uccidere presso Velletri il bargello pontificio Grassello da Zagarolo con 3 fanti perché costui, responsabile della giustizia nel distretto di Roma, ha fatto impiccare 2 suoi famigli accusati di furto (1483) .Nel gennaio 1484 uccide a Roma con i fratelli un famiglio di Pier Giovanni Savelli e ne ferisce un altro con 5 ferite: è in lite con il congiunto per la proprietà di Albano Laziale. E' assalito da Paolo Orsini, Giorgio di Santacroce e Giovan Francesco da Tolentino che assediano Albano Laziale (messa a sacco), Castel Savello, Castel Gandolfo ed Ariccia. Si difende con vigore: il papa Sisto IV mette sulla sua testa e su quella dei fratelli una taglia di 1000 ducati per chi lo catturi o lo assassini; è pure concesso il perdono (ed un premio di 250 ducati) se l'uccisore sia già stato bandito per omicidio. Per vendicarsi aggredisce fra Mentana e Tivoli le compagnie di Paolo Orsini e di Giorgio di Santacroce, cui razzia 50 cavalcature; giorni dopo si collega con Lucio Conti e Prospero Colonna ed attacca Torrevecchia, che appartiene a Jacopo Conti. Si trova alla difesa

di Marino. Assale invano Grottaferrata; in una scorreria cattura una ventina di romani andati a mietere il frumento nel territorio di Marino. E' subito affrontato dal connestabile Andrea da Norcia che viene ucciso con altri 5 fanti.

Con la resa di Marino che avviene a fine mese, si collega con Prospero Colonna ed attacca, tra Valmontone e Montefortino (Artena), le truppe di Paolo Orsini, reduci da un'incursione portata tra Genazzano e Paliano.

Dà addosso agli avversari, recupera le prede e libera i prigionieri: nello scontro sono uccisi 15 uomini e ne sono feriti altri 150, per lo più fra i pontifici.

E' informato di un trattato organizzato a Paliano; si reca in tale località e finge di volersi riappacificare con lo stato della Chiesa. I terrazzani gli credono, gli svelano ogni cosa e chiamano un connestabile pontificio a prendere possesso della rocca. Costui vi si porta

▲ *Blasone dei Savelli.*

con molti fanti: Antonello Savelli si scopre nemico, taglia a pezzi la maggior parte dei soldati, cattura il connestabile e fa impiccare i membri della congiura anticolonnese. Rientra alla difesa di Cave e, con continue sortite, procura gravi danni ai nemici: alla fine, è costretto a cedere ed esce dal castello con 250 fanti. Si incontra prima con Virginio Orsini, indi con Girolamo Riario; firma la pace.

Si reca a Palestrina per indurre i difensori alla resa; gli sono promesse una provvigione annua di 4000 ducati ed una condotta.

Alla morte di Sisto IV può ritornare nei suoi possedimenti; con Mariano Savelli incomincia a molestare i beni dei partigiani degli Orsini. Rientra a Roma con il padre Cristoforo ed i fratelli, alla testa di 2000 uomini fra fanti e cavalli; pone gli al loggiamenti al palazzo dei Santi Apostoli.

Paolo Orsini si prepara a difendere con i suoi partigiani il rione di Ponte; Antonello Savelli, al contrario, interviene a sedare una rissa, sorta tra i suoi uomini e quelli dei Santacroce. Nel 1485 è al servizio dei Colonna: si collega con Giovanni Savelli e Costantino Castriota e con 300 uomini, tra fanti e cavalli, cerca di occupare Cerveteri con la connivenza del cardinale Giuliano della Rovere: appena viene a conoscenza che Virginio Orsini sta tendendo nei pressi un agguato ai suoi danni, desiste dall'iniziativa. E' stilata una tregua con gli Orsini.Rompe la tregua con i Colonna e cattura a tradimento in Frascati Girolamo Tuttavilla (Girolamo d'Estouteville) che si arrende a patti.

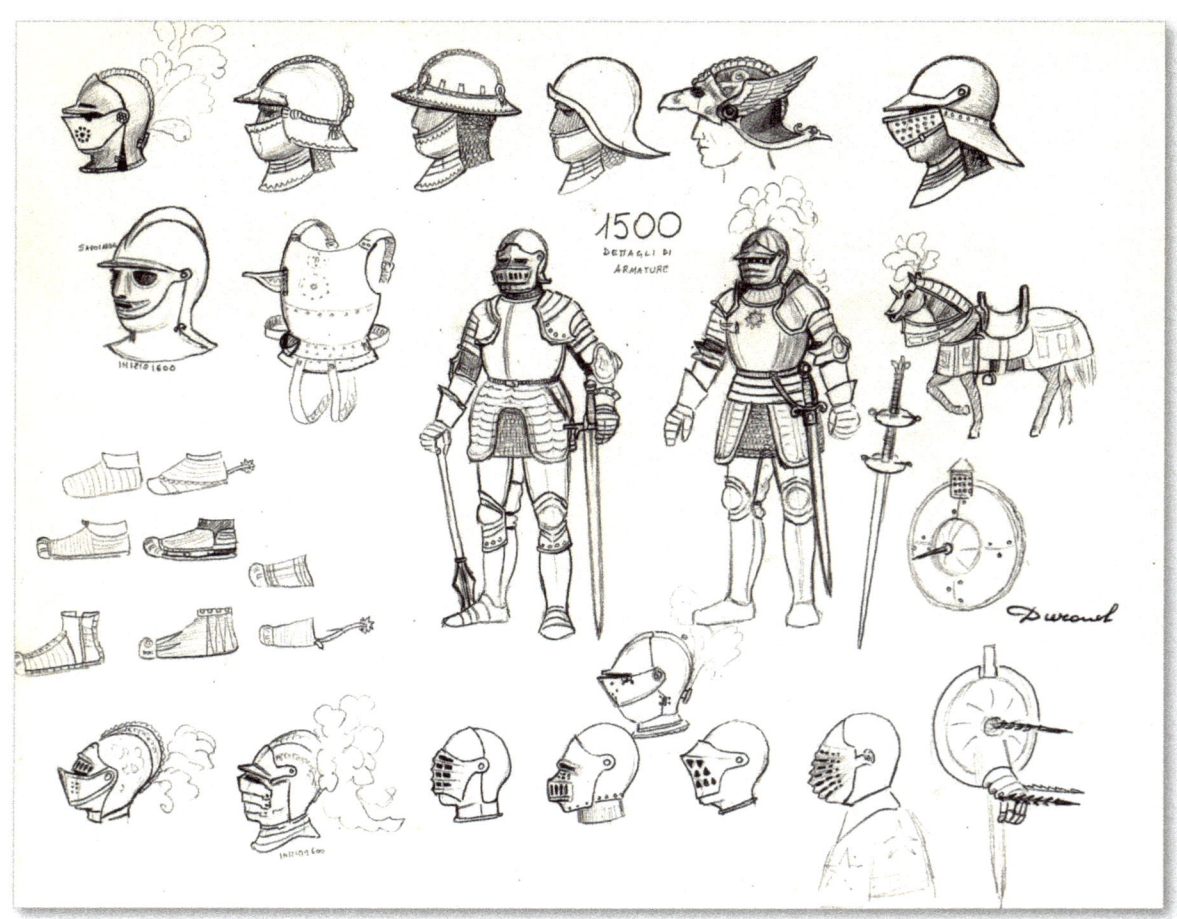

▲ *Particolari di elmi e armature italiane attorno al 1500. Tavola di nadir Durand.*

Il barone romano è, viceversa, condotto prigioniero a Marino; Antonello Savelli attacca Nemi dove si trova Ippolita Orsini, moglie del Tuttavilla. Rimane ferito in un assalto con Fabrizio Colonna e due fratelli. La donna si arrende solo quando il marito è posto davanti alle mura: anche in questo caso i patti non sono osservati.

Nel 1486 il Savelli è in Abruzzo al servizio del papa Innocenzo VIII. E' avviato alla difesa di L'Aquila. Con Fabrizio Colonna cattura nei pressi di Tagliacozzo Paolo Vitelli con 180 cavalli ed occupa Cese. Si impadronisce di Cittaducale e tiene a bada Roberto da San Severino allorché il capitano generale dei pontifici viene esonerato dal comando a seguito dell'accordo tra papa ed aragonesi.

Alessandro VI Borgia, nel 1492, lo invia in soccorso di Fermo contro Ascoli Piceno. Assedia invano Offida con Niccolò Orsini, Pietro Colonna e Giulio Orsini; ha Castignano e Carturano, espugna Monteprandone con le artiglierie. Si dirige verso i monti finché deve ritirarsi per l'avvicinarsi a Monsampaolo del Tronto di Virginio Orsini, inviato in aiuto di Ascoli Piceno dal re di Napoli con 40 squadre di cavalli e 4000 fanti.Nel 1494 toglie ai pontifici, per conto del cardinale Giuliano della Rovere, futuro Giulio II la rocca di Ostia: è citato dal pontefice Alessandro VI a Roma il mese successivo con Fabrizio e Prospero Colonna. Gli è intimato di restituire la fortezza pena la confisca dei beni e la dichiarazione di ribelle.

Nel 1495 con Fabrizio Colonna, Giovanni della Rovere, Giovanni Paolo Cantelmi e Guido Guerra da Bagno sconfigge a Tagliacozzo due contingenti di fanti ed una compagnia di cavalli aragonesi, comandati da Bartolomeo d'Alviano.

Rimane nel centro Italia quando Carlo VIII ritorna in Francia; segue l'andazzo dei tempi e, all'avvicinarsi a Napoli delle truppe aragonesi, apre loro le porte della città. Coopera alla pacificazione di Tivoli; si porta a Todi ed devasta il contado di Norcia con Giulio Cesare da Varano.

Nel dicembre 1496 assedia in Bracciano Bartolomeo d'Alviano; è ferito in un furioso assalto alle mura in cui i pontifici perdono fra morti e feriti più di 200 uomini. Nel gennaio 1497 si batte a Soriano nel Cimino contro le truppe di Carlo Orsini e di Vitellozzo Vitelli: guida la carica dei cavalli leggeri con Fabrizio Colonna ed è respinto dopo un successo iniziale. E' assoldato da Fermo per fronteggiare Ascoli Piceno; preferisce invece militare a favore della città di Terni contro Spoleto. Si porta a Montefranco con 2000 uomini: assalito dai nemici, muove loro contro e li costringe a riparare su Monte Moro; gli spoletini ripiegano a San Mamiliano ed i suoi uomini rientrano a Terni. Entra di notte in Viterbo con Galeotto Gatti alla testa di 600 cavalli e molti fanti: sono uccisi molti fautori dei maganzesi. Saccheggia San Liberato e ne assedia la torre. Con Giovanni Savelli e Prospero Colonna coadiuva i Chiaravalle nel todino. Si porta a Castel Rubello con 400 cavalli e molti fanti; assale all'improvviso a Castel Giorgio il nipote del vescovo di Orvieto Giorgio della Rovere, che ne è alla guardia con 25 balestrieri a cavallo. Lo cattura e mette a sacco la località: tutti i soldati sono spogliati di armi e cavalcature ed al castellano è tolto un cavallo del valore di 250 ducati; il bottino, compreso il bestiame razziato, è valutato in 2500 ducati. Si reca ad Orvieto con Giovanni Savelli. In Umbria, nel 1498 Bartolomeo d'Alviano irrompe in Todi, saccheggia le case dei ghibellini ed uccide i principali seguaci della fazione legata agli Orsini; egli fa altrettanto, a posizioni invertite, a Terni. Con Fabrizio Colonna, comanda l'avanguardia dell'esercito colonnese nella battaglia di Monte Celio: gli avversari sono sconfitti ed è catturato Carlo Orsini.

Ma anche Antonello viene ferito gravemente al braccio destro e alla testa quando gli viene fracassato l'elmo dalle mazze ferrate degli avversari- per altri è ferito da un colpo di falconetto- e muore nei giorni seguenti per le ferite.

FABRIZIO COLONNA

Fabrizio nasce intorno al 1455 da Odoardo duca dei Marsi, della linea principale di casa Colonna. Alla vita ecclesiastica, cui viene dapprima destinato, preferisce quella delle armi, fuggendo di casa per prendere parte alla guerra di Otranto contro i Turchi che vi sono sbarcati nel 1481. Insieme con gli altri Colonna lotta per lunghi anni contro gli Orsini, e nella guerra per la rivolta dell' Aquila e la congiura dei baroni ed è tra gli alleati di Innocenzo VIII contro Ferdinando I d'Aragona, re di Napoli (1485-1486). Quando Carlo VIII cala in Italia, si mette al suo servizio; impadronitosi di Ostia, strappata ad Alessandro VI, v'innalza il vessillo di Francia accanto a quello del cardinale Giuliano della Rovere, futuro Giulio II, e occupando L'Aquila facilita alle truppe del re di Francia l'invasione del Napoletano (1494). Ma passa in seguito, nel 1495, al pari del cugino Prospero, dalla parte di Ferdinando II d'Aragona, contribuendo alla completa cacciata dei Francesi dal regno.

Il re si adopera perché la figlia di Fabrizio, Vittoria, di appena tre anni[1], sia promessa sposa al coetaneo Alfonso d'Avalos, figlio del marchese di Pescara; e il suo successore Federico, dopo la battaglia da lui vinta a Monte Celio nel 1498, investe Fabrizio stesso della signoria di Tagliacozzo, della baronia di Roveto e di altre numerose terre, oltre a concedergli un cospicuo assegno annuo. Due anni dopo lo nomina condottiere d'armi del regno. Ritornati i Francesi alla conquista del Napoletano nel 1501, Fabrizio difende con onore Capua, ma viene fatto prigioniero. Ottenuta la libertà, si pone al servizio della Spagna, al pari del cugino Prospero, col consenso del re Federico, esiliato in Francia. E' lui a presiedere col cugino alla scelta e alla preparazione dei tredici campioni italiani per la disfida di Barletta del 1503. Braccio destro di Gonsalvo de Cordoba, *el Gràn Capitàn*, combatte con grandissima abilità e bravura insieme al fratello Pompeo a Cerignola- dove sconfigge non solo le compagnies d'ordonnance francesi, ma anche i temutissimi picchieri svizzeri- e al Garigliano, e vince i Francesi a Pontecorvo l'anno successivo.

Come ricompensa, Ferdinando II il Cattolico lo conferma nei feudi d'Abruzzo, altri gliene conferisce negli Abruzzi e in Terra di Lavoro, oltre a confermargli in perpetuo l'assegno già concessogli da Federico d'Aragona (1504 e 1507). Nella guerra della lega di Cambrai strappa ai Veneziani le città salentine sul litorale adriatico del regno, che la Serenissima aveva occupato profittando della discesa in Italia di Carlo VIII. Quando Giulio II dichiara guerra ai Francesi ed ai loro alleati in Italia, Fabrizio comanda le truppe spagnole al servizio del papa, e si trova alla presa della Mirandola nel 1511. Nello stesso anno sottoscrive con gli Orsini per e tutti i Colonna la cosiddetta *pace romana* con la mediazione di Giulio II. Scoppiata la guerra della Lega santa, viene nominato da Ferdinando II il Cattolico governatore e luogotenente generale di tutte le forze spagnole operanti in Italia, nel 1511, combatte a Ravenna come luogotenente di Raimondo di Cardona, e vi viene ferito e catturato dalle truppe di Alfonso I d'Este, che lo rilascia senza riscatto nel 1512.

In compenso Fabrizio cerca di favorire la riconciliazione del papa con il duca di Ferrara, e quando questi, recatosi a Roma con un salvacondotto, sembra sul punto di venire esposto a un proditorio arresto, non esita a sfida la collera del fiero Giulio II aiutando Alfonso a a fuggire. Dopo la morte, avvenuta nel 1515, del Cordoba, Gran Connestabile del regno di Napoli, Ferdinando II d'Aragona conferisce a Fabrizio il titolo, da allora rimasto ereditario nel ramo dei Colonna di Paliano sino a Filippo III, ultimo gran conestabile sotto Carlo III di Borbone, nel XVIII secolo. Sposato con Agnesina dei Montefeltro, ha Federico, premorto al padre (1516), Ascanio, che raccoglie la successione paterna, e Vittoria, marchesa di Pescara. La sua fama militare indusse Machiavelli a farne il protagonista del suo *dell'Arte della Guerra*. Fabrizio muore nel 1520 ad Aversa.

---

1   Vittoria diventerà la celebre poetessa e amante delle arti, amata patrona di Michelangelo Buonarroti.

MARCANTONIO I COLONNA

Signore di Ceccano, Poli, Frascati, Paliano, Nettuno, Olevano Romano. Fratello di Marcello, Girolamo, Giulio e Ottaviano, nipote di Prospero e di Fabrizio. Suocero di Bartolomeo da Villachiara

Il battesimo del fuoco di Marcantonio Colonna destinato a diventare uno dei maggiori condottieri italiani a servizio di Massimiliano I e della Francia di Francesco I di Valois contro l'esercito di Carlo V avviene proprio il 12 aprile 1498 sotto Monticelli. Irrequieto come tutti i Colonna minaccia con Paolo Margano e 500 cavalli da vicino il capoluogo: è presto costretto a rifugiarsi nel regno di Napoli. Si pone agli stipendi degli spagnoli contro i francesi. Combatte a Cerignola e al Garigliano mettendosi in luce. Nel gennaio del 1504 si trova di nuovo nel Lazio sotto Monticelli con 500 lance e vi assedia il duca di Traietto.

Passa nel 1505 al servizio dei fiorentini. Si trova a Campiglia Marittima allorché viene a conoscenza dell'avanzata di Bartolomeo d'Alviano, invia contro l'avanguardia nemica 25 uomini d'arme, 30 cavalli leggeri ed altrettanti fanti con i quali obbliga gli avversari ad arretrare. Alla testa di 60 uomini d'arme si trova, successivamente, al fianco di Ercole Bentivoglio e di Antonio Giacomini nello scontro di Campiglia Marittima in cui viene disfatto l'Alviano. Il suo attacco di cavalleria, portato con Jacopo Savelli, è respinto inizialmente: il tiro di 6 falconetti, predisposto dal Bentivoglio, capovolge in breve l'esito della giornata. Affianca Ercole Bentivoglio contro Pisa. Dopo che il fuoco dell'artiglieria ha aperto una breccia di 45 metri nella cinta muraria verso la torre del Barbagianni il Colonna ha il comando della terza schiera. Lo devono coadiuvare nell'attacco i fanti di Chiriaco dal Borgo. I soldati delle prime due schiere si rifiutano di combattere perché spaventati dalle opere difensive dei pisani: il Giacomini ed il Bentivoglio ordinano allora la ritirata verso Santa Croce.

Sposa a Roma Lucrezia Gara della Rovere, nipote del papa Giulio II; ottiene in enfiteusi il palazzo Colonna, costruito dal pontefice quando era cardinale, in piazza Santi Apostoli, il feudo di Frascati, 40000 ducati sul Monte di Pierà di Genova, 10000 ducati depositati presso un banchiere genovese, più altri 4000 ducati in gioielli. Nel 1506 e' inviato dai fiorentini in soccorso di Giulio II nella sua spedizione contro Giovanni Bentivoglio. Si collega ad Imola con l'esercito pontificio, effettua la mostra dei suoi uomini e punta su Budrio. La vittoria segue in pochi giorni. A fine mese è già segnalato a Piancaldoli nel fiorentino.

E' contattato dai veneziani (tramite l'ambasciatore a Roma Girolamo Donato) durante le feste di Carnevale: chiede il capitanato generale al posto di Bartolomeo d'Alviano, una condotta di 200 uomini d'arme ed uno stipendio di 50000 ducati l'anno, contro un'offerta di 150 uomini d'arme ed uno stipendio annuo di 15000 ducati.

Il Colonna non accetta la controfferta che gli viene proposta. I fiorentini gli rinnovano la condotta; il Colonna, tuttavia, non accetta la proposta preferendo di militare agli stipendi dei pontifici.. A giugno del 1510 si imbarca sulla flotta veneziana di Girolamo Contarini con 100 uomini d'arme, 100 cavalli leggeri e 500 fanti. Con Ottaviano Fregoso ha il comando dell'attacco contro Genova: ai loro ordini vi sono complessivamente 100 uomini d'arme, 150

▲ *Fabrizio Colonna, incisione seicentesca.*

cavalli leggeri e 1000 fanti, dei quali una parte è costituita da venturieri. Le truppe di terra si muovono da Lucca e da Viareggio; egli sbarca a Chiavari con 700 fanti, conquista La Spezia con il castello, attraversa tutta la riviera di Levante con l'aiuto degli Adorno e si avvia verso la val di Bisagno con la speranza di un qualche movimento all'interno di Genova ad opera dei partigiani dei Fregoso e degli Adorno. Gli sono consegnati lo stendardo ed il bastone di capitano generale; legato pontificio è il governatore di Roma Lorenzo Fieschi. In Genova, tuttavia, non nasce alcuna sommossa; il Colonna è così obbligato a ritirarsi a Rapallo. Cerca inutilmente di avere Portofino; si reimbarca sulle galee veneziane per l'avvicinarsi della flotta francese. Fugge per mare con Giovanni Vitelli e 120/130 cavalli: le altre cavalcature sono vendute a prezzi stracciati o regalate ai fanti per facilitare la loro fuga.

Il resto delle truppe ritorna per terra per La Spezia ed è svaligiato dai contadini nel genovese, nel lucchese e nel fiorentino. Sbarca a Populonia ed alla foce del Pecora nonostante l'opposizione dei fiorentini. Per il senese si sposta nel perugino e giunge a Viterbo dove si incontra con il papa. la sua compagnia si acquartiera nel senese. Parte per Cesena a settembre ed ha un nuovo colloquio con Giulio II. Si sposta alla guardia di Bologna con 4000 fanti; da qui è mandato con il Vitelli (100 uomini d'arme, 400 cavalli leggeri, 2500/2600 fanti) a Modena, che si è ribellata al duca di Ferrara Alfonso d'Este.

Nella città prende alloggio in casa di Ludovico Ronchi; è raggiunto dal capitano generale Francesco Maria della Rovere e dal Baglioni ed incomincia subito a fare abbattere delle case nelle vicinanze di porta Baggiovara ed alla porta di Cittanova.L'inferiorità dell'esercito pontificio in termini di fanteria e le discordie tra il della Rovere ed il cardinale legato Francesco Alidosi inducono i vari capitani a ricercare solo scorrerie e scaramucce con i francesi dello Chaumont e le milizie dei Bentivoglio.

Il Colonna ottiene Sassuolo e Rubiera da Enea Pio; si sposta a Bologna..

A dicembre si offre ai veneziani per l'incarico di governatore generale: la sua candidatura trova forti ostacoli a causa della giovane età. Nello stesso periodo, con il cardinale dei Medici ed alcuni giovani fiorentini, partecipa ad una congiura ai danni del gonfaloniere di Firenze Piero Soderini, troppo vicino alla politica francese.

Nel 1511 si trova all'assedio di Mirandola difesa da Alessandro da Trivulzio con 400 fanti: il Colonna ha il comando delle artiglierie. Tratta invano la resa con Roberto Boschetti; riprendono le operazioni ed in uno degli assalti è visto partecipare lo stesso pontefice. Alla fine persuade i difensori a cedere a patti ed impedisce il saccheggio della località. Al riguardo fa bastonare un uomo d'arme di Chiappino Vitelli ed ha un alterco con tale capitano. A fine mese si incontra a Modena con il vicario imperiale, il Vitfurst: fa rafforzare le difese cittadine con bastioni e ripari.E' sempre alla difesa di Modena con 1500 fanti: rimane nella città fino al momento in cui il pontefice rinuncia al suo possesso per consegnarla a Massimiliano d'Austria in quanto la località fa parte della giurisdizione imperiale.

Il Colonna si porta a Finale Emilia.Rientra a Modena ed è preso a sassate dalla popolazione quando, nella piazza, cerca di ostacolare l'abbattimento di alcuni edifici. Deve intervenire il Vitfurst. Il giorno seguente abbandona Modena. Si porta a Ravenna; fa pressioni sui pontifici affinché impediscano l'attraversamento del Secchia ai francesi; non viene ascoltato. Si fortifica in Bondeno con 4000 fanti.

Nel luglio del 1511 raduna un buon numero di fanti, si porta ad Imola e tenta di recuperare Bologna. E' spedito a Fano dal della Rovere per sedarvi alcuni disordini provocati dai locali fuoriusciti. Rientra, di seguito, a Modena su richiesta del governatore Vitfurst per tenere a bada lo Chaumont ed i francesi. Rinnova la sua pressione su Bologna; entra per trattato nella rocca di Sassoleone sulla destra del Sillaro. Chiede licenza a Giulio II di abbandonare il campo perché non vuole sottostare agli ordini di Andrea da Capua: muore tale capitano e la sua richiesta non ha più ragione di essere..

Nel 1512 raggiunge ad Imola le milizie della Lega Santa con il Vitelli, Malatesta Baglioni e Raffaello dei Pazzi (800 uomini d'arme, 800 cavalli leggeri, 8000 fanti italiani). Assedia nuovamente Bologna. Ma

▲ *Ritratto di Marcantonio Colonna. Oleografia ottocentesca.*

a febbraio l'arrivo dei francesi agli ordini di Gastone di Foix (1300 lance, 6000 fanti tedeschi e 8000 tra italiani e francesi) lo persuade a rientrare ad Imola. Si ferma a Pieve di Cento nel convento di San Francesco con Pietro di Paz e Ferdinando d'Avalos.Viene inviato alla difesa di Ravenna con Pietro di Castro, il Salazar e Cristoforo di Paredes (100 uomini d'arme, 100 cavalli leggeri e 1500 fanti spagnoli) con la promessa che l'esercito della lega sarebbe venuto in suo soccorso se la città fosse stata attaccata. Rafforza le difese di Ravenna: Gastone di Foix arriva nottetempo di fronte alla porta Adriana ed alla torre Rancona (o Zancana) dove pianta le artiglierie.

Il capitano francese, a causa delle mancanza di vettovaglie, conduce subito un attacco alle mura: il Colonna respinge l'assalto che dura tre/cinque ore e che termina con la morte tra i francesi di 300 fanti e di alcuni uomini d'arme fra i quali il comandante delle artiglierie, il Busserade.

I collegati sono disfatti nella successiva battaglia campale di Ravenna: Marcantonio Colonna è fatto uscire con uno stratagemma dalla rocca, con la scusa che Alfonso d'Este vuole arrendersi nelle sue mani dopo essere stato sconfitto. Si salva nell'imboscata che gli è stata posta e ripara nella cittadella da dove assiste impotente al sacco della città da parte dei fanti guasconi, caratterizzato dall'uccisione di molti abitanti, da furti, violenze e stupri. Interviene, alfine, il la Palisse per far cessare ogni scempio: 34 guasconi sono catturati dai loro compagni ed impiccati a titolo d'esempio.

Dopo quattro giorni si arrende a patti anche il Colonna a causa della rovina dei bastioni difensivi distrutti dai bombardamenti. E' liberato con l'impegno di non prendere le armi contro i francesi fino al prossimo mese di luglio. Si porta a Rimini.

Lo stesso anno e' fatto Signore di Montefortino (Artena) da Giulio II, sia per avere convinto Prospero Colonna a militare agli stipendi della Chiesa, sia per avere sventato le trame di Pompeo Colonna a di altri baroni romani ribelli all'autorità papale. Alla morte di Giulio II nel febbraio 1513 entra in Bologna con Troilo Savelli (350 uomini d'arme e molti fanti) per difendere la città da eventuali attacchi dei Bentivoglio.Viene contattato di nuovo dai veneziani. Gli sono consegnati dai faentini 3 cannoni già appartenenti a Carlo da Gubbio, fatto prigioniero nella battaglia di Ravenna..

Viene mandato dal nuovo pontefice Leone X con 400 lance alla difesa di Parma e di Piacenza per prestare soccorso agli spagnoli contro francesi e veneziani.

Passato al servizio dell'imperatore Massimiliano I nel 1515 si porta a Finale Emilia con 80 lance come richiestogli dal viceré di Napoli Raimondo di Cardona. Attraversa il Po alla Sacchetta, punta su Verona in cui entra con 100 uomini d'arme e 60 cavalli leggeri; ne rafforza la guarnigione composta di 1800 fanti spagnoli, di 4000 tedeschi e di 500 svizzeri. Introduce nella città molto foraggio, fa rafforzare i bastioni di porta Vescovo, il castello di San Felice ed altri due punti; le truppe sono mandate ad alloggiare a Villafranca di Verona per non pesare troppo sugli abitanti della città.

Mette in angustie i veneziani con le sue iniziative: taglia loro le linee di rifornimento, saccheggia Montecchio Maggiore, occupa Vicenza con 7000 fanti e 500 cavalli. A Verona segue personalmente i lavori di rafforzamento delle opere difensive..

Quando i veneziani assediano la città esce da Verona con 4000 uomini e sorprende a Valeggio sul Mincio Giampaolo Manfrone e Mercurio Bua, postisi alla difesa della località con 400 uomini d'arme e 400 cavalli leggeri. Dà l'ordine di sparare con le artiglierie; fa prigioniero Giulio Manfrone e mette in fuga gli avversari. Fatto tagliare il ponte sul fiume, assale Legnago in cui penetra catturandovi alcuni gentiluomini veneziani. E' segnalato a San Giovanni della Rogna (San Giovanni Ilarione) e nel vicentino. Verona è raggiunta da altri 7000 lanzichenecchi tedeschi che accrescono il numero dei difensori e riforniscono di vettovaglie la città.

Si allontana da porta Vescovo ed irrompe nuovamente in Legnago in un giorno di mercato; depreda poi il territorio di Montagnana e rientra a Verona. Compie un'analoga azione a Valeggio sul Mincio: il consiglio dei Savi discute su un suo possibile incarico di comando nell'esercito della Serenissima. Il suo nome viene, alfine, scartato.

Seda a stento un ammutinamento dei soldati causato dal ritardo delle paghe trovando il denaro necessario da alcuni cittadini. Sorprende a Cavaion Veronese Giacomo da Vicovaro che vi staziona con scarsa vigilanza.

A Mori, nel mese di marzo del 1516, con il conte di Cariati e 4 bandiere di fanti per venire incontro a 8000 fanti tedeschi inviati in soccorso dall'imperatore Massimiliano d'Austria.

Si porta a Cologna Veneta dove si congiunge con gli svizzeri condotti da Galeazzo Visconti e con i tedeschi comandati dal marchese di Brandeburgo. Entra in Bergamo con il cardinale Sedunense e Galeazzo Visconti alla testa di numerosi fanti e cavalli: alla città viene imposto il pagamento di una taglia, pena il suo saccheggio. Di seguito il Colonna appoggia gli imperiali a Romano di Lombardia e negli attacchi ad Asola, bombardata con 32 pezzi di artiglieria.

E' costretto a ritirarsi a Soncino (sotto gli occhi dell'imperatore Massimiliano d'Austria) per la resistenza opposta da Rizino d'Asola e da Antonio da Martinengo. Espugna la rocca di Lodi con gli svizzeri del cardinale di Sion Matteo Scheiner; affianca l'imperatore Massimiliano d'Austria a Pontoglio e muove in soccorso di Sant'Angelo Lodigiano minacciata dai francesi. Aumentano le difficoltà in Lodi per il ritardo delle paghe; chiede inutilmente 10.000 ducati; gli svizzeri ripiegano allora verso Bergamo e lo lasciano in Lodi con poche forze.

A maggio e' attaccato in Lodi dai veneziani di Teodoro da Trivulzio: vista l'inutilità dei propri sforzi preferisce ritornare a Verona con 1000 cavalli, i fanti tedeschi di Marco Sittich ed alcuni fanti spagnoli. Molti disertano dalle file imperiali. Raggiunge a Trento l'imperatore con il marchese di Brandeburgo per conferire sulla sitazione..A giugno scorta con Gurlotto Tombesi il cardinale Scheiner, che è diretto a Milano, fino alla Chiusa. E' assalito in Verona dai francesi del Lautrec e dai veneziani del Trivulzio che hanno ai loro ordini 1200 lance e 10000 fanti, mentre egli ha a disposizione 2000 cavalli e 9000 fanti. Respinge i veneziani a Soave ed a Villanuova. Presto però 800 fanti spagnoli e 3000 fanti tedeschi abbandonano Verona per il ritardo delle paghe: vani risultano i suoi tentativi di farli recedere da questo proponimento. Anzi è abbandonato anche da 40 uomini d'arme della sua compagnia.

Ora sono ai suoi ordini solo 60 uomini d'arme, 150 cavalli leggeri, 1500 fanti spagnoli, 2500 tedeschi e 500 svizzeri. Nella città mancano cibo e foraggio. Anche i fanti spagnoli vogliono abbandonare la difesa di Verona: con il conte di Cariati riesce a tamponare la falla riconoscendo a questi soldati un acconto di un quarto di ducato a testa e garantendo il saldo della paga entro pochi giorni.

Gli avversari iniziano ad assediare Verona nel mese di agosto ed il fatto non lo coglie impreparato: il Colonna, dietro le mura rovinate, fa costruire un fossato attraversato da trincee longitudinali dalle quali condurre sortite contro gli attaccanti. Il fossato è, inoltre, cosparso di triboli e di tavole dalle quali escono numerosi chiodi. Apparecchia pure un grande numero di vasi di terra pieni di fuoco lavorato atti ad essere lanciati sugli assalitori. Numerosi pezzi di artiglieria muniscono la città; le brecce nelle mura, infine, sono coperte da tende fatte con pelli di animali che, bagnate di continuo, nascondono i movimenti dei difensori e, nello stesso tempo, sono atte a respingere le palle di archibugio.

Il Lautrec fa scavare delle gallerie sotto le mura per tagliarne le fondamenta: come risposta, secondo gli usi del tempo, il Colonna fa sostenere i tratti delle mura pericolanti con lunghe travi che servano da puntello. E' ferito da un colpo di archibugio ad un braccio mentre sorveglia i lavori: il capitano francese gli manda un medico per curarlo con alcuni doni. A fine mese consegna 300 ducati ad un contadino veronese affinché penetri nel campo veneziano e faccia saltare la santabarbara: costui getta della corda accesa in un mucchio di paglia e l'incendio si propaga in un deposito: l'uomo è catturato ed è fatto ardere vivo dal Trivulzio nello stesso rogo da lui procurato. I soldati spagnoli e tedeschi si ammutinano;

è obbligato a rifugiarsi in Castelvecchio ed a dare loro in pegno i castelli di San Pietro e di San Felice: domanda anche un salvacondotto al Lautrec per mandare i suoi uomini d'arme a Bologna.

Il Lescun conduce un attacco di fanteria contro la porta da lui difesa; i veneziani assalgono porta Vescovo alla cui guardia si trova Giorgio Frundsberg. Il fuoco dell'artiglieria ed un contrattacco, portato dai fanti spagnoli e dagli uomini d'arme appiedati, provocano fra i francesi la morte di 200 uomini ed un numero ancora superiore di feriti: di costoro molti, nei giorni seguenti, perderannno la vita.

Arrivano in soccorso di Verona 9000 tedeschi; il Lautrec ed il Trivulzio si pongono a loro volta su posizioni fortificate. La guerra continua ancora per qualche giorno senza vigore.

I contendenti si persuadono alla pace per cui il Colonna, a fine mese, abbandona la città e con Basco da Cuna raggiunge in Austria l'imperatore; 30 suoi uomini d'arme ottengono dal Lautrec un salvacondotto per raggiungere Mantova.

Si reca ad Innsbruck ospite di Massimiliano d'Austria.

Disgustato da Massimiliano tratta con i francesi per passare al loro servizio per l'ingratitudine dell'imperatore.

Nel luglio del 1517 incontra a Parigi il re Francesco I e trova l'accordo: gli sono concessi una provvigione annua di 8000 franchi ed il collare dell'ordine di San Michele.Nel 1519 si offre di radunare 10000 fanti per conto dei francesi allorché il ducato di Milano è minacciato dagli svizzeri..

Convocato in Francia dal Francesco I, si ferma a Milano con il Lautrec; si intrattiene con quest'ultimo a pranzo.Dopo essersi ammalato di peste ed essere guarito lascia la Francia e a dicembre si reca a Mantova ed a Ferrara per convincere Federico Gonzaga ed Alfonso d'Este ad allearsi con i francesi: nel transitare per Milano il Lautrec gli consegna 6 pezzi di artiglieria (2 cannoni, 2 falconetti, 2 sagri) e 1000 corsaletti da utilizzare alla difesa dei suoi possedimenti.

Nel 1520 con Prospero Colonna toglie alcuni castelli al duca Caetani, signore di Sermoneta, ed entra in contrasto con i pontifici.

Nell'aprile del 1521 insieme con il cardinale Pompeo Colonna si reca dal papa e protesta perché il pontefice vuole fare alloggiare i propri mercenari svizzeri vicino alle loro terre.

In primavera e' contattato dai pontifici a seguito delle dimissioni di Renzo di Ceri, ma rifiuta di passare agli stipendi del papa; preferisce rimanere fedele ai francesi. Si imbarca a Senigallia e raggiunge Venezia con un seguito di 15 persone: prende alloggio a Santa Maria Formosa in cà Gradenigo.

Si incontra con l'amico Antonio Giustinian, si reca nel collegio dei Pregadi dove è accolto dal doge Marino Grimani. Gli sono fatte visitare le sale del consiglio dei Dieci, l'arsenale, il tesoro di San Marco; oltre un dono personale, gli sono pagate le spese di viaggio fino ai confini del ducato milanese.

Si incontra fuori le mura di Milano con il Lautrec e prosegue per l'Emilia. Entra in Parma con Pietro Navarro e Francesco Maria della Rovere per verificare lo stato delle opere difensive.

Si trova al campo di Zibello con il Lautrec: si collega con i veneziani del Trivulzio per soccorrere Parma che è assediata da imperiali e pontifici comandati da Prospero Colonna e da Ferdinando d'Avalos. Prende parte a vari consigli di guerra che si svolgono al campo di Fontanelle; è poi al campo di San Secondo Parmense.

Con il della Rovere si accorge dell'infelice scelta degli accampamenti imperiali di Robecco d'Oglio: fa pressioni sul Lautrec affinché si sposti in avanti mentre i veneziani si sarebbero dovuti muovere da Pontevico: l'intempestività dei francesi fa perdere la favorevole occasione e gli avversari hanno il tempo di spostare i loro alloggiamenti a Gabbioneta.

Con il Lescun, il Buonavalle ed il Vandenesse, ha il compito di molestare la retroguardia nemica: tende un'imboscata nella prossimità di una chiesetta di campagna mezzo rovinata, ma l'intervento di Giovanni dei Medici, con una banda di cavalli e le sue fanterie, pone presto fine ad ogni velleità. Il Colonna ha il comando dell'avanguardia quando l'esercito si dirige a Bordolano.Con la caduta di Milano nelle mani degli imperiali si trova con il della Rovere ed il Navarro a Ponte San Pietro, vicino a Bergamo.

Si incontra con il capitano della città Paolo Nani; si sposta a Palazzolo sull'Oglio per discutere con il Lautrec ed il provveditore generale Andrera Gritti la possibilità di azioni congiunte.

Il Colonna, dal momento che il Trivulzio è stato catturato dagli avversari a Milano, si offre ai veneziani come governatore generale. Tocca successivamente Brescia, Verona e Venezia con un seguito di 13 persone; alloggia a San Moisé in cà Dandolo e si presenta in collegio. Discute con il consiglio dei Dieci le proposte del Lautrec di cui è latore, mentre l'amico Giustinian sonda il terreno per un eventuale suo incarico.

A dicembre alla morte di Leone X si allontana da Cremona per recuperare Parma con il Buonavalle e Federico Gonzaga da Bozzolo (5000 fanti e 600 lance). Viene attaccata la città, alla cui difesa si trova Federico Gonzaga con 700 fanti italiani e 50 uomini d'arme. Il Colonna si colloca a Torricella del Pizzo: il governatore di Parma, Francesco Guicciardini, ha sentore del pericolo e fa distribuire alla popolazione 1000 picche. E' respinto un primo assalto della durata di quattro ore: il giorno seguente le truppe franco-veneziane riattraversano il Po senza le artiglierie per il timore che le milizie imperiali possano tagliare loro la strada del ritorno.

Nel marzo 1522 prende parte all'assedio di Milano. Muore con Camillo da Trivulzio, colpito dai sassi di una casa battuta da una grossa colubrina (caricata forse da Prospero Colonna) mentre sta predisponendo un cavaliere per tirare con l'artiglieria su due ripari dei nemici. Secondo un' altra versione è colpito da una palla di cannone che gli trancia di netto una gamba.

E' sepolto a Roma con grandi onori in Santa Trinità dei Monti. Esiste un suo ritratto in palazzo Colonna; ritratto da Giorgio Vasari nella sala di Giovanni in Palazzo Vecchio a Firenze. Matteo Bandello gli dedica una novella.

Capitano di grande speranza..Persona onestissima d'eccellentissimi doni d'ingegno e di natura..Oltra il proprio vigor dell'animo, era riputato ch'egli avanzasse gli altri Capitani di quel tempo di grandezza di persona, di fortezza di membra, d'una certa viril bellezza di volto, e specialmente di maestria di maneggiar armi di ogni sorte, e di cavalcare.

Paolo Giovio

Marco Antonio Colonna è qui formato
Il più forte, e 'l più bel, che Roma havesse.
Del gran valor che 'l Ciel già gli concesse,
Verona fa testimonio honorato:
Et fede ne fa l'Adige cangiato,
Sì che parve che sangue sol corresse
De la gente da lui morte e oppresse:
Onde ne fu sì chiaro e sì lodato.

A. Cocciano. Da un sonetto raccolto dal Giovio.

Del quale niuno hebbe né più rari, né più honorati doni, o di celeste gratia o d'amorevole natura di lui; perciochè, oltre all'esser bellissimo di presenza, era ornato di un bellissimo concorso di virtù illustri.

Francesco Sansovino.

FRANCESCO ORSINI, DUCA DI GRAVINA

Duca di Gravina. Signore di Terranova (Fossasecca). Padre di Gian Antonio, cugino di Paolo. Nel 1498 partecipa alla battaglia di Monticelli. Già a giugno, però, si riavvicina al papa Alessandro VI.

Ad ottobre parte da Trani, raggiunge Ascoli Piceno e da qui prosegue il suo viaggio per Roma. Vedovo con due figli, suo obiettivo è quello di chiedere la mano di Lucrezia Borgia, figlia del papa, rimasta vedova di recente per l'assassinio del marito, il principe di Salerno Alfonso d'Aragona. Per rafforzare la sua richiesta propone che i due suoi figli abbraccino entrambi la carriera ecclesiastica in modo che gli eventuali figli di secondo letto possano ereditare il ducato di Gravina. Per tale fatto cade in disgrazia nei confronti del re di Napoli: in ogni caso, la sua richiesta non viene accettata.

Nel 1502 milita agli stipendi di Cesare Borgia. E' accolto in Recanati con Ugo di Moncada. Con Oliverotto da Fermo assale le terre di Guidobaldo da Montefeltro e, successivamente, quelle di Giulio Cesare da Varano. Staziona presso Tolentino con 200 cavalli per impedire il vettovagliamento di Camerino; segue la strada lungo l'Esino con 100 fanti, 100 cavalli leggeri, due corpi di fanti spagnoli ed un migliaio di fanti romagnoli. Tenta di impadronirsi di sorpresa di Pioraco e di Serravalle di Chienti; è sconfitto a Sant'Anatolia (Esanotoglia) da Annibale e da Venanzio da Varano. Si pone all'assedio di Camerino con Vitellozzo Vitelli ed Oliverotto da Fermo. Il commissario pontificio Niccolò Bonafede accusa i loro uomini di introdurre, a caro prezzo, notevoli quantità di frumento a favore degli assediati. I tre capitani vengono tutti redarguiti con un breve dal papa. Nel gioco delle parti i condottieri ritorcono l'accusa contro il Bonafede: scrivono al pontefice che Camerino sarebbe già caduta per fame senza i soccorsi alimentari approntati dal presule ed ammontanti a 10000 some di grano.

Si impadronisce di Castelraimondo con Oliverotto da Fermo; deve, poco dopo, rinunciare ad una spedizione nei confronti di Matelica su pressione dello stesso Bonafede. A settembre, con la ribellione di Camerino ai da Varano, cattura diversi componenti di tale famiglia. Nell'ottobre si unisce a Magione con gli altri Orsini, Vitellozzo Vitelli, Giampaolo Baglioni, Oliverotto da Fermo, Ermes Bentivoglio, Ottaviano Fregoso per conto di Guidobaldo da Montefeltro, Guido Pecci ed Antonio da Venafro per il signore di Siena Pandolfo Petrucci: obiettivo è quello di collegarsi insieme per rispondere alle minacce del duca Valentino. Si scontra a Calmazzo con le truppe di Cesare Borgia; le mette in fuga con Vitellozzo Vitelli e Paolo Orsini: Ugo di Cardona è catturato nel combattimento, mentre Michelotto Coreglia riesce a sfuggire alla cattura. Prosegue la sua marcia a con il Vitelli raggiunge a Fossombrone Giampaolo Baglioni. Raccoglie qui le sue milizie e punta su Pesaro; occupa vari castelli fra cui Mombaroccio; vi sosta nell' attesa delle artiglierie. Paolo Orsini persuade i vari congiurati ad addivenire ad un accordo con i pontifici; anche Francesco Orsini ritorna agli stipendi dello stato della Chiesa per assediare i della Rovere in Senigallia. Con il Vitelli, Paolo Orsini ed Oliverotto da Fermo invita il duca Valentino a lasciare Pesaro ed a portarsi a Senigallia perché il castellano Andrea Doria vuole arrendersi solo nelle sue mani. Viene catturato con uno stratagemma dai pontifici. E' condotto verso Roma. Per strada è strangolato con Paolo Orsini a Castel della Pieve (Città della Pieve) da Michelotto Coreglia.

BARTOLOMEO D'ALVIANO (Bartolomeo dei Liviani)

Signore di Pordenone, Attigliano, Alviano. Nipote di Corrado d'Alviano; cognato di Virginio Orsini e di Giampaolo Baglioni; zio di Bernardino Antignola.

Nacque nel 1455, probabilmente a Todi, da Francesco e da Isabella, della nobile famiglia degli Atti. La madre morì nel darlo alla luce e Bartolomeo fu allevato nella casa paterna insieme con i fratelli Bernardino e Aloisio, e spesso ebbe le cure della zia Milia Monaldeschi, moglie di Corrado d'Alviano, fratello di Francesco, che lo tenne accanto ai suoi due figli. Sebbene gracile ed esile, mostrò subito passione alle armi, in un ambiente di continue risse e guerriglie. Il padre, del resto, era valoroso guerriero e lo zio Corrado aveva combattuto nelle schiere veneziane contro lo Sforza e sotto Pio II fu connestabile della Chiesa. L'Alviano ebbe, tuttavia, buoni fondamenti culturali, che lasciarono traccia nel suo spirito, dall'umanista Antonio Pacini.

Aveva dieci anni, quando il padre e gli zii Corrado e Tommaso furono travolti da una lotta contro quelli d'Amelia sorretti dal papa Paolo II, e chiusi a Roma in Castel Sant'Angelo, donde non uscirono che nel 1471, alla morte del pontefice. L'A. fu accolto come paggio da Napoleone Orsini e dové assistere, quattordicenne, nel 1469, alla rotta subita da costui, quale capitano generale della Chiesa e di Venezia, presso Rimini, per opera di Federigo da Montefeltro.

In seguito egli partecipa alle continue lotte e guerricciole nella regione di Todi, Alviano, Amelia, Orvieto: così nel 1472 si trova a lodi fra le schiere che il papa ha richiesto contro i Chiaravallesi ribelli; l'anno dopo appoggia presso Orvieto Uguccione dei conti di Baschi, in lite col fratello Ranieri, sbaragliando i fautori di lui. Quindi è di nuovo a lodi e contribuisce grandemente alla vittoria sui Chiaravallesi fuorusciti, rafforzati da schiere di Amelia e di Terni. Al tempo stesso è paggio di Virginio Orsini, trovandosi spesso nei suoi castelli: segue così i lavori di trasformazione del castello di Bracciano, secondo i nuovi principi della difesa radente e fiancheggiante; e di quello di Soriano, ove si lega in dimestichezza con Giovanni Tornei d'Este, sperimentato castellano. Nel 1478, a ventitré anni, partecipa a una vera e propria guerra, quella del papa e del re di Napoli contro Firenze, seguendo nelle schiere pontificie Gerolamo Riario e curando le artiglierie. Prende parte alla guerra di Ferrara (1482-84), a fianco di Roberto Malatesta, di Ridolfo Baglioni e di Everardo Montesperelli, anche nella seconda fase del conflitto, quando il papa si volge contro Venezia. Finita la guerra, torna in Umbria e sposa Bartolomea Orsini, cugina di Virginio. Quindi accorre a lodi, da cui scaccia i Chiaravallesi fuorusciti che se ne erano impossessati, ed è fatto governatore della città dal papa. Dura nella carica un anno, durante il quale ristabilisce la sicurezza e inizia nuovi lavori di rafforzamento nelle mura e nella rocca.

Con la calata di Carlo VIII comincia un nuovo periodo nella vita dell'Alviano.

Nel 1494 egli si trova nell'esercito pontificio- aragonese, di cui ha il comando supremo Nicolò Orsini conte di Pitigliano, ed ha accanto a sé Virginio Orsini e Giangiacomo Trivulzio.

Il 12 ottobre sorprendeva e sbaragliava presso Faenza una scorreria di trecento cavalli e fanti, in gran parte francesi, e aveva quindi parte nel rafforzamento degli Aragonesi- pontifici in Cesena.

Si prodigò poi per difendere gli accessi degli Abruzzi presso Tagliacozzo; quindi retrocedeva in Puglia, prolungando la resistenza a Brindisi e Gallipoli insieme con don Cesare d'Aragona.

Quando, nel 1496, gli Orsini passarono alla parte, francese, l'Alviano si unì a loro, partecipando alle operazioni intorno ad Atella, culminate nella resa dei Francesi; ma, a differenza di Virginio Orsini, egli riuscì a fuggire e a mettersi in salvo. Quando, pochi mesi dopo, Alessandro VI, profittando della prigionia di Virginio e della lontananza del Pitigliano, tentò d'abbattere gli Orsini, Bartolomeo. fu l'animatore della difesa di Bracciano e dei castelli circostanti, coadiuvato dalla fiera consorte, Bartolomea Orsini.

La guerra ebbe termine, com'è noto, grazie all'intervento di Vitellozzo Vitelli, che a Soriano, il 24 genn.

▲ *Ritratto di Bartolomeo d'Alviano*

1497, metteva in piena rotta i pontifici.

La difesa di Bracciano accresce molto, anche presso i Francesi, la fama dell'Alviano, la cui attività si circoscrive però di nuovo nelle contese locali. Nell'aprile accetta di guidare, insieme con Piero de' Medici, una schiera di milletrecento cavalli fin sotto le mura di Firenze, nella vana speranza che il popolo si sollevi a favore di quest'ultimo; quindi muove contro Todi caduta in potere dei Chiaravallesi, li scaccia dalla città e vi ristabilisce gli Atti. Dopo di che soccorre, unitamente ai Baglioni e ai Vitelli, gli Orsini contro i Colonna e i Savelli in un'aspra guerriglia. Rimasto vedovo poco dopo la liberazione di Bracciano, sposa in seconde nozze Pantasilea, sorella di Gian Paolo Baglioni.

In questo stesso anno passa al soldo di Venezia, e al servizio di questa rimane, pur con interruzioni, fino alla morte, fedelmente. Si trova col Pitigliano, che è capitan generale dell'esercito veneto: nel settembre 1498, quando la repubblica di San Marco muove guerra dalle Romagne ai Fiorentini, per soccorrere Pisa, l'A. con duecentocinquanta cavalli e ottocento fanti, grazie all'intesa con Ramberto Malatesta signore di Sogliano, per la valle del Savio penetra in Casentino occupando prima l'eremo di Camaldoli, poi Bibbiena. Per la mancata occupazione di Poppi la guerra ristagna fra Casentino e alta Vai Tiberina, finché termina per la mediazione del duca di Ferrara, nell'aprile 1499. Nel giugno 1500, sempre al servizio di Venezia, l'A. redige un progetto di difesa del Friuli contro le incursioni turche; l'anno dopo, nel maggio, col Pitigliano è incaricato di vegliare alla sicurezza della stessa regione.

Svanito il pericolo, l'A. ottiene di potersi recare in Umbria, per una vera crociata di sterminio contro i Chiaravallesi; partecipa poi a un'azione contro Viterbo, da cui sono cacciati i figli di Giovanni Gatti.

Tornato al servizio veneziano, dopo la strage di Sinigallia compiuta dal Valentino al termine del 1502, l'A., il 28 genn. 1503, ottiene dal Senato di recarsi a Ravenna, dove propone che vi si raccolgano Gian Paolo Baglioni, il duca d'Urbino, il Vitelli, vescovo di Città di Castello, per marciare su Urbino, Perugia, Siena, e giungere infine alle spalle del Valentino, direttosi verso Bracciano.

Ma la sua proposta non è accolta, ed egli, deluso e sdegnato, se ne torna a Venezia.

Vorrebbe nel marzo correre a difendere Ceri, ultimo baluardo degli Orsini, ma ne è impedito dal Senato veneziano. Nell'estate, però, alla notizia della morte improvvisa di Alessandro VI, senz'attendere il permesso del Senato, lascia il Veneto e l'8 settembre, insieme con Gian Paolo Baglioni, entra nella città di Perugia.

La Francia intanto, che ha perso il Regno di Napoli, s'accinge con un nuovo esercito a riconquistarlo; e la Spagna, che ha già dalla sua i Colonna, mira ad attirare a sé anche gli Orsini. E costoro, offesi dalla protezione che il cardinale d'Amboise pur sempre accorda a Cesare Borgia, passano nelle file spagnole: Bartolomeo ha parte preponderante in questa faccenda, e agisce di pieno accordo con l'ambasciatore veneziano. Nei patti sono assicurati all'Alviano 8.000 ducati annui, il titolo di duca e il soldo fino a cinquecento lance. Giunge in novembre al campo spagnolo sulla sinistra del Garigliano.

Aderendo al piano del Gran Capitano Gonzalo de Cordoba di approfittare del maltempo per varcare il Garigliano e sorprendere i Francesi, l'Alviano. conduce l'avanguardia con abilità ed energia per due giorni di seguito (28-29 dic. 1503), così che l'azione, ben sorretta d'altro canto da Gonzalo, si conclude con una smagliante vittoria: sorpresa e manovra sono i due principali coefficienti del grande successo. Non solo, ma l'Alviano il 30 dicembre è davanti a Gaeta e occupa l'antemurale di Monte Orlando: il giorno dopo l'esercito francese cede la piazza, ottenendo di potersi ritirare indisturbato fino a Roma.

Con tale battaglia l'Alviano. entra veramente nella grande storia: alle corti di Luigi XII e di Massimiliano lo consideravano il vero vincitore.

In seguito l'Alviano è mandato in Puglia con Pietro Navarro e debella definitivamente in pochi mesi le ultime schiere francesi occupanti Venosa, Atella, Altamura. In compenso ottiene la contea di San Marco in Calabria. Ma, dopo questo fulgido periodo, l'Alviano si mescola agl'intrighi e ai tentativi dei

Medici e del cardinale Ascanio Sforza d'impadronirsi, con l'aiuto degli Orsini e dei Baglioni, di Pisa e di Firenze, per poi cercare di cacciare i Francesi dalla Lombardia. Imbaldanzito dai trionfi precedenti, l'Alviano avanza imprudentemente dalla Maremma e, sorpreso a Campiglia Marittima dalle forze della Repubblica fiorentina, subisce una grave rotta per opera di Ercole Bentivoglio e di Antonio Tebalducci Giacomini.

Nuovamente al servizio veneziano, nel 1508 l'Alviano risolleva la sua fama con la brillante vittoria sugl'imperiali in Cadore, e con la successiva conquista di Pordenone, terra imperiale in pieno territorio veneziano, di Gorizia, di Trieste, di Fiume.

Massimiliano, che solleva le pretese sulla terraferma veneziana e sul ducato di Milano, viene fermato in Val Lagarina dalle forze riunite franco-veneziane del Trivulzio e del Pitigliano. Con una diversione, Massimiliano alla fine di febbraio entra in Cadore, ma l'Alviano, che si trova a Bassano di riserva, da Longarone, ad onta della neve altissima, per la valle di Zoldo, attraverso la forcella di Cibiana, si cala a Valle di Cadore, tagliando agl'imperiali la via della ritirata su Cortina.

Sul Rio Secco (Rusecco) li ferma, li accerchia, li annienta. Occupata la rocca di Pieve di Cadore, l'Alviano ridiscende al piano, impadronendosi di Pordenone , strappando la fortezza di Cormons a Odorico di Colloredo, e conquistando successivamente Gorizia, Trieste e Fiume.

Nel 1500 l'ultimo conte di Gorizia, Leonardo, morendo senza eredi, lasciò in eredità la contea- che comprendeva anche Linz, Merano e parte del Friuli e della Slovenia- a Massimiliano d'Asburgo. La donazione ereditaria del conte Leonardo a Massimiliano non era valida dal punto di vista del diritto internazionale, essendo Gorizia vassalla di Venezia già dal 1424, e i conti ricevevano l'investitura dal doge.

Il grande trionfo dell' Alviano segnava il culmine della potenza veneziana, ma valeva a riunire contro la Serenissima la coalizione di Cambrai.

Fatto duca di Pordenone, l' Alviano s'insediava nella cittadina e quivi teneva una vera accademia, mostrando come la sua mente non fosse aliena dagli svaghi letterari e filosofici.

Ma già nell'inverno del 1509 si trovava a rafforzare le fortificazioni di Vicenza, in vista del nembo sovrastante; e poco dopo era nominato governator generale, ossia comandante in seconda dell'esercito veneto, accanto al capitan generale, conte di Pitigliano. Ma mancava quell'armonia di vedute che già aveva portato Gonzalo de Cordoba e l' Alviano alla grande vittoria del Garigliano: l' Alviano avrebbe voluto invadere il Milanese, sollevarlo contro i Francesi, prima che la loro radunata in Lombardia fosse terminata, risolvere rapidamente la campagna da questo lato, per poi volgersi contro gli imperiali; il Pitigliano riteneva, invece, opportuna una strategia più prudente: tenersi sulla difensiva, sfruttando al massimo la fortificazione campale, così da frenare l'impeto dei Francesi, e poi, al momento buono, agire controffensivamente.

Conclusione di siffatta diversità di vedute fu la rotta di Agnadello (14 maggio 1509): mentre l'esercito veneziano si portava dal territorio di

▲ *Papa Alessandro VI (Borgia)*

Treviglio a quello di Pandino nel Cremasco, la retroguardia, formata dalle schiere dell' Alviano, era assalita dall'avanguardia francese. L' Alviano respingeva il nemico, ma, anziché svincolarsi, incalzava l'avversario e chiedeva invano al Pitigliano d'esser sostenuto; alla fine, dopo aver' respinto i tiratori guasconi e gli stessi Svizzeri, i fanti dell' Alviano erano circondati e annientati, ed egli stesso, ferito al volto, era fatto prigioniero.

Il re di Francia mostrò di valutare al massimo tale fortunato evento, perché per quattro anni non a in libertà consentì rimetterlo. Durante la prigionia l' Alviano stese alcune memorie (*Commentari*), che il Giovio poté vedere, e, a quanto sembra, anche scritti di teoria guerresca, e compose persino rime; ma di tutto ciò nulla è rimasto.

Nel 1513, stipulatasi l'alleanza tra Venezia e Luigi XII, l' Alviano, liberato dalla prigionia, era nominato capitan generale dell'esercito veneziano.

Nonostante la decadenza militare della Repubblica, connessa a quattro anni di guerre e di devastazioni, l' Alviano, tentato invano un colpo di mano contro Verona, penetrava decisamente in Lombardia fino a Pizzighettone sul basso Adda, per collegarsi con i Francesi giunti da Asti ad Alessandria.

Ma costoro, che avevano cinto d'assedio Novara, erano sbaragliati dagli Svizzeri, non lungi dalla città, il 6 giugno. L' Alviano doveva allora retrocedere, e, dopo aver tentato per la seconda volta un colpo di mano su Verona, si rafforzava in Padova, ponendo Gian Paolo Baglioni in Treviso, mentre imperiali, Spagnoli e pontifici dilagavano nel Veneto, spingendosi alla fine sino all'orlo delle Lagune. Ricevuto allora dal Senato l'ordine d'uscire da Padova e di collegarsi col Baglioni, riusciva a indurre alla ritirata il nemico. Ad ovest di Vicenza, alla Madonna dell'Olmo, gli sbarrava la via mentre ripiegava verso Verona; l'inseguiva verso Schio e veniva a battaglia presso La Motta (7 ott. 1513).

Quivi, però, il poco fermo contegno di una parte delle sue fanterie, formata di elementi raccogliticci, e la sfortuna del grosso della sua cavalleria pesante, impigliatasi in terreni acquitrinosi mentre compiva azione avvolgente, determinavano una grave rotta.

L' Alviano si salvava a stento; i collegati di nuovo dilagavano; La perizia dell' Alviano, unita alla sua grande energia, riusciva a dominare la situazione: appoggiandosi ai due capisaldi di Padova e di Treviso, ricostituito l'esercito, fronteggiava gli avversari dislocati fra Verona, Este e Montagnana.

Nel 1514, dopo che gli imperiali discesi dal Friuli erano stati fermati dal forte d'Osoppo, l' Alviano con la cavalleria sbaragliava quella tedesca presso Pordenone, occupava la città e liberava Osoppo dall'assedio, obbligando i nemici alla ritirata e riconquistando quasi tutto il Friuli. Retrocédendo a fronteggiare gli Spagnoli, si spingeva fin presso Verona; quindi moveva fulmineamente contro Rovigo, sorprendendo e facendo prigionieri duecento uomini d'arme spagnoli.

Di nuovo presso Verona, con la mira d'appoggiare Renzo di Ceri, che difendeva Crema, si spingeva poi su Bergamo. Prospero Colonna ideava allora un grande piano per prender fra due fuochi l' Alviano e tagliarlo fuori dalla base d'operazione di Padova: il Pescara da Verona si sarebbe portato a Monselice, mentre egli dal Cremasco avrebbe puntato, attraverso il territorio di Mantova, su Legnago.

Ma l' Alviano sfuggiva alla stretta: teneva a bada con la cavalleria leggera il Pescara, e intanto col grosso s'imbarcava sull'Adige, lo seguiva fin presso la foce, poi, sceso a terra, per Piove di Sacco riguadagnava Padova. Il nemico non osava intraprendere una nuova grande operazione contro di lui.

L'anno dopo, 1515, scendeva in Italia il nuovo re di Francia, Francesco I. Si rinnova la situazione di due anni prima, ma senza gli errori d'allora. Il re infatti mira per prima cosa a congiungersi con i Veneziani, e si porta fino a Melegnano, mentre l' Alviano è giunto a Lodi Vecchio, a una decina di chilometri di dista nza. Gli Svizzeri escono da Milano: alle quattro del pomeriggio del 13 settembre ha inizio la grande battaglia, che si protrae fino a mezzanotte, per riaccendersi all'alba del 14.

Alle otto del mattino l'esercito francese comincia a cedere sulla sua sinistra, quando sopraggiunge l'

Alviano al quale, durante la notte, è pervenuta in Lodi Vecchio una pressante richiesta d'aiuto da parte di Francesco I. Sulle prime egli è coinvolto nella ritirata francese, ma, al sopraggiungere del grosso della cavalleria pesante veneta, le sorti della grande battaglia mutano; gli Svizzeri si trovano presi di fianco e alle spalle, i Francesi e i lanzi tedeschi che sono con loro possono riordinarsi e contrattaccare: la vittoria rimane al re di Francia.

Ventitré giorni dopo la smagliante vittoria, il 7 ott. 1515, l'Alviano morì, di malattia viscerale causata dai continui strapazzi, a Ghedi presso Brescia, che egli si disponeva a riconquistare alla Repubblica di San Marco. L'Alviano fu certo uno dei nostri maggiori condottieri del Rinascimento; assurse alla più alta fama relativamente tardi, a quarantott'anni, con la battaglia del Garigliano, e solo dieci anni più tardi si trovò a comandare un esercito. Assertore d'una strategia quanto mai vigorosa, vera strategia annientatrice in alcuni casi, trovò difficoltà ad attuarla per la sua novità in confronto con la politica e la prassi guerresca del tempo. Dove, però, si poté giungere a una piena comprensione e a una reciproca fattiva collaborazione fra generalissimo e generale in sottordine, come al Garigliano, o fra entrambi i capi dei due eserciti alleati, come a Melegnano, il successo fu clamoroso; dove l'accordo mancò, come ad Agnadello, si ebbe la sconfitta. Quando l'Alviano agì da solo, parve rivelare più le manchevolezze che i vantaggi del suo arrischiato procedere; ma, in realtà, la rotta di Campiglia fu un episodio d'imprudenza dovuto ad eccessiva sottovalutazione dell'avversario; in quella di La Morta ebbero parte decisiva deficienze di truppe e insidie del terreno paludoso. Viceversa, la vittoria di Rio Secco in Cadore fu la conseguenza di un'azione arditissima sulle retrovie del nemico, operata in terreno asprissimo e nel cuore dell'inverno. E mirabile fu la campagna del 1514: privo ormai, dopo la rotta di La Morta, di gran parte della cavalleria pesante e della fanteria pesante (di picchieri), fatta sua base d'operazione Padova, con cavalleria e artiglieria leggera, cernite, venturieri, seppe di nuovo tener testa bravamente agli Spagnoli e ai Tedeschi, da Legnago a Osoppo e da Bassano a Rovigo. Nel campo tattico, a differenza della maggior parte dei nostri condottieri, non fu un seguace del principio difensivo- controffensivo appoggiato alla fortificazione campale, ma assertore d'una tattica ardita, mirante ad avvolgere uno o entrambi i fianchi dell'avversario; il che non gl'impedì d'applicare magistralmente anche l'altro principio, come al Rio Secco in Cadore. E fu sempre un animatore, molto amato dai soldati, cui pure imponeva una dura disciplina e dai quali richiedeva a volte i maggiori sforzi. Piccolo e brutto, mezzo gobbo, tutt'altro che robusto quanto a costituzione fisica, seppe con l'esercizio e con la volontà rimediare a tali deficienze. Fu poi mente aperta ad ogni innovazione: contribuì ad armare e addestrare alla svizzera le fanterie veneziane, utilizzò gràndemente la fanteria leggera degli stradiotti; e fu pure valente ingegnere militare, come mostrano i castelli da lui fatti costruire o rifatti nell'Umbria e i rafforzamenti delle fortificazioni di Vicenza e di Treviso. Non solo, ma si mostrò mente aperta a ogni forma di cultura, e le non poche lettere che di lui rimangono mostrano proprietà di lingua e vigore di stile; a Pordenone tenne una vera accademia nell'autunno-inverno 1508-09 e 1514-15. Per un momento, alla caduta del Valentino, parve aspirare a formarsi una signoria comprendente Todi, Amelia, Alviano, forse Orvieto; e forse pensò pure alla possibilità d'una signoria in Pisa: ma non seguì tali obiettivi con la sua solita energia e costanza; e, passato definitivamente a Venezia, servì la Repubblica con la massima fedeltà.

Il maggiore elogio dell'Alviano fu fatto dai suoi soldati che, dopo la sua morte, non vollero per venticinque giorni separarsi dalla sua salma, e da Teodoro Trivulzio che, nel trasportarla da Ghedi a Venezia (ove trovò sepoltura nella chiesa di S. Stefano), passando sotto le mura di Verona non volle chieder salvacondotto a Marcantonio Colonna, che ivi comandava il presidio spagnolo, affermando, al dire del Guicciardini:

Non essere conveniente che chi vivo non aveva mai avuto paura degli inimici, morto facesse segno di temergli..

Huomo animoso, e sempre desideroso di tentar la Fortuna.. Fu sempre d'animo ardente, e di militare industria nel governare l'imprese.. In ogni suo consiglio vivo, e feroce, e desideroso molto di far fatti.. Hebbe il Liviano poco bello aspetto di volto, e quasi brutto affatto, per lo corpo picciolo, e gobbo. Ma egli haveva ingegno molto alto, e vehemente; il quale molte volte pareva troppo più ardente e gagliardo per lo suo troppo vigor d'animo, di quel che conveniva a Capitano Generale; di maniera, che molti lo riputavano alquanto miglior guerriero, che Capitano. Nessun però meglio di lui possedette gli ordini della disciplina, né nessun altro fu più valoroso, né più desto a essequire tutte le fattioni della militia; e finalmente egli, che non essendo illustre per alcuna gloria de' suoi maggiori di privato cavaliere, era arrivato a supremi honori; sarebbe paruto degno d'ogni lode di guerra, se nel corso delle cose, e nelle imprese la Fortuna havesse risposto a consigli, e alle virtù di lui.. Non era allora capitano più vigilante né più pronto, dì e notte intento con gran cura in tutte l'occasioni della guerra.

Paolo Giovio.

Geniale e ardito condottiero... L'Alviano fu uno dei nostri maggiori condottieri del Rinascimento; assunse alla più alta fama relativamente tardi, a quarant'otto anni, con la battaglia del Garigliano, e solo dieci anni più tardi si trovò a comandare un esercito. Assertore d'una strategia quanto mai vigorosa, vera strategia annientatrice in alcuni casi, trovò difficoltà ad attuarla per la sua novità in confronto con la politica e la prassi guerresca del tempo..

Nel campo tattico, a differenza della maggior parte dei nostri condottieri, non fu un seguace del principio difensivo-controffensivo appoggiato alla fortificazione campale, ma assertore di una tattica ardita, mirante ad avvolgere uno o entrambi i fianchi dell'avversario.. Dove, però, si poté giungere a una piena comprensione e in una reciproca fattiva collaborazione fra generalissimo e generale in sott'ordine, come al Garigliano, o fra entrambi i capi dei due eserciti alleati, come a Melegnano, il successo fu clamoroso; dove l'accordo mancò, come ad Agnadello, si ebbe la sconfitta. Quando l'Alviano agì da solo, parve rivelare più le manchevolezze che i vantaggi del suo arrischiato procedere; ma, in realtà, la rotta di Campiglia fu un episodio d'imprudenza dovuto ad eccessiva sottovalutazione dell'avversario; in quella di La Motta ebbero parte decisiva deficienze di truppe e insidie del terreno acquitrinoso.

Viceversa, la vittoria di Rio Secco in Cadore fu la conseguenza di un'azione arditissima sulle retrovie del nemico, operata in terreno asprissimo e nel cuore dell'inverno.. Fu poi mente aperta ad ogni innovazione: contribuì ad armare e addestrare alla svizzera le fanterie veneziane, utilizzò grandemente la cavalleria leggera degli stradiotti; e fu pure valente ingegnere militare, come mostrano i castelli da lui fatti costruire o rifatti nell'Umbria e i rafforzamenti delle fortificazioni di Vicenza e di Treviso. Non solo, ma si mostrò mente aperta a ogni forma di cultura, e le non poche lettere che di lui rimangono mostrano proprietà di lingua e vigore di stile; a Pordenone tenne una vera accademia nell'autunno-inverno 1508-09 e 1514-15."

P. Pieri

 Blasone dell'Alviano

1

▲ *L'artiglieria sul campo di Monte celio, 12 aprile 1498..*

PRELUDIO ALLA BATTAGLIA

Qualunque volta è tolto agli uomini il combattere per necessità, combattono per ambizione; la quale è tanto potente ne' petti umani che mai, a qualunque grado salgano, li abbandona.

(*N. Machiavelli*, Discorsi sopra la prima deca di Tito Livio, *XXXVII*).

Ancora alla fine del Quattrocento, a differenza di quanto avviene nell'Italia centro- settentrionale, nel Lazio, come nel regno di Napoli, il feudalesimo è molto radicato.

Se i papi del XV secolo, dopo il Grande Scisma, cercano di ristabilire l'autorità del pontefice sulla città di Roma con qualche risultato - è celebre l'episodio di Sisto IV della Rovere (1471-1484) che invita ad un pranzo di riconciliazione i grandi signori feudali; quando questi ritorneranno verso i loro palazzi- fortezza alle pendici del Quirinale e di Monte Giordano, vedranno pendere impiccati i loro uomini in livrea, duro ed efficace monito del pontefice: e Sisto IV farà abbattere le sommità delle torri cittadine e murare i portici per evitare agguati notturni, mutando per sempre il volto della città- ben diversa è la situazione nelle campagne romane.

Basti ricordare come Pio II Piccolomini dovette ricorrere al conte di Urbino, Federigo II da Montefeltro, uno dei massimi condottieri italiani, per ristabilire l'autorità papale sul Lazio. Per papa Piccolomini il Montefeltro, Gonfaloniere di Santa Romana chiesa, combattè contro i baroni ribelli (Anguillara e Savelli) nel Lazio.

All'assedio di Montorio Romano Federigo - affiancato dal cardinale Forteguerri- utilizzò le bombarde dette *Silvia* (dal nome del padre del pontefice) e *Vittoria* (dal nome della madre), fuse da Agostino da Piacenza, *eiusce artis egregius opifex* (Pio II, *Commentarii*, V, 21), in grado di sparare palle da duecento libbre, le più potenti artiglierie comparse sino ad allora, in grado, ricordò compiaciuto il Papa, di abbattere mura spesse venti piedi rispetto ai quattro che potevano essere buttati giù sino ad allora.

Federigo inaugurò qui il suo caratteristico uso dell'artiglieria d'assedio, che lo rese il più celebre esperto dell'uso di tale arma nel XV secolo, non solo in Italia. *Silvia* abbattè le mura, e le truppe entrarono nella città: Montorio venne messa a sacco, incendiata e distrutta dalle truppe papali, mentre gli abitanti maschi furono presi prigionieri; Pio II riporta anche dei versi dedicati dal poeta Campano alla bombarda *Vittoria*:

Rumpere quae videtur sonitu Victoria coelum
Cumque suis muros turribus evicere
Arma iuvo tueorque Pii. Quantum erigit ille
Voce bonus ictu tantum ego sterno malus[1].

Non altrettanto fortunato fu, per il Montefeltro, l'assedio della rocca di Monticelli (Montecelio), come fa ritenere il passo dei *Commentarii*[2], da noi già citato *nell'Avvertenza* al presente lavoro, relativo al colloquio tra il Montefeltro ed il Papa sull'erezione della Rocca Pia a Tivoli:

Federico (…) tornò al suo campo, posto non lontano da Monte Celio che alcuni chiamano Monticello [sic per Monticelli] *anziché Monte Celio - che era in mano a Deifobo* [dell'Anguillara].

---

1   *Io, Vittoria, che col tuono sembro rompere il cielo, E abbattere mura e torri, Aiuto e proteggo le armi di Pio.*
      E così quanto egli innalza, I buoni con la voce, così io abbatto i malvagi, Con i miei colpi.

      (*Commentarii*, V, 21). Si veda il capitolo dedicato a *Bombarde e bombardieri* da Anna Maria Corbo, *Pio II Piccolomini, un papa umanista*, Roma 2002, pp. 59 segg. con i dati relativi ai bombardieri ed agli artigiani legati alla fusione, al munizionamento ed al trasporto delle artiglierie tratti dai Mandati camerali di pagamento.

2   *Commentarii.*, V, 25.

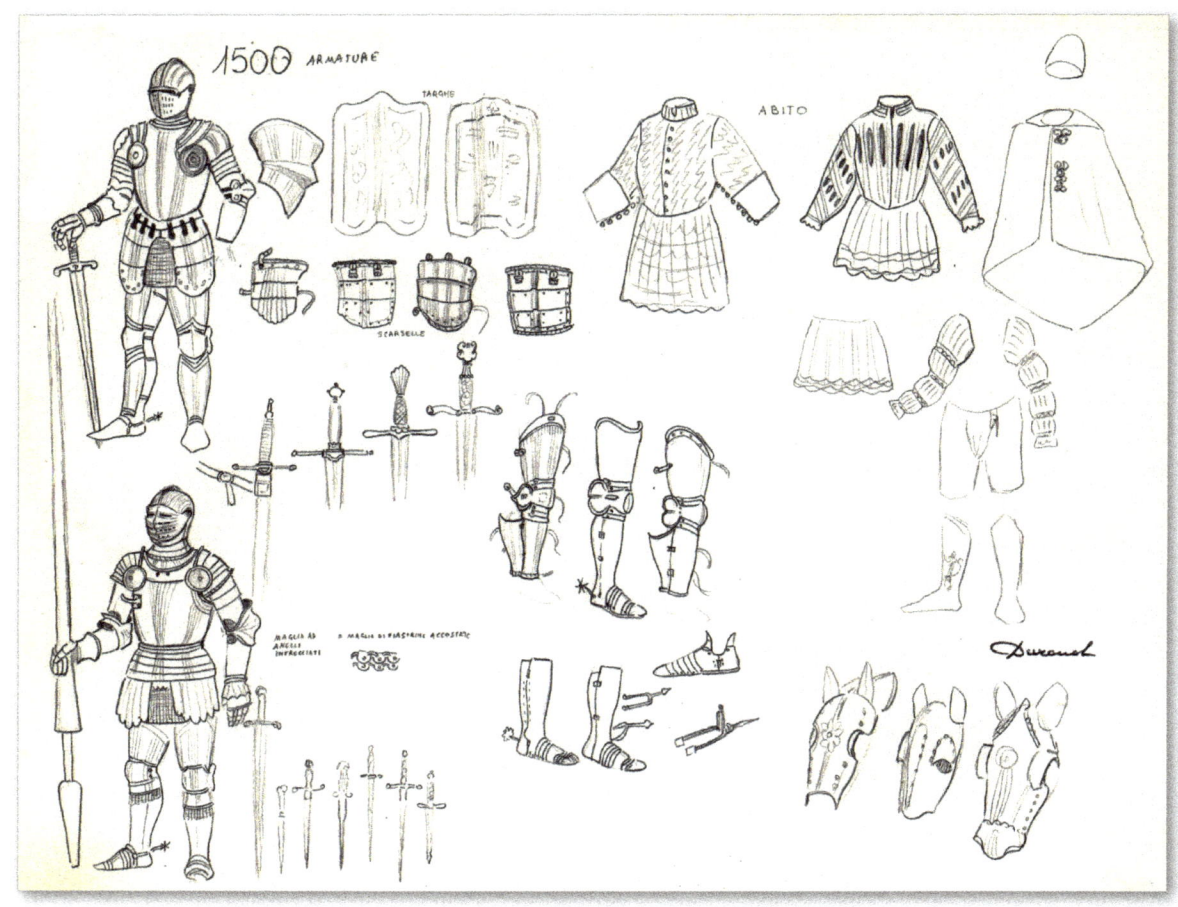

▲ *Costumi militari italiani tra la fine del XV secolo e l'inizio del XVI. Tavola di Nadir Durand*

Si trattava di una località strategicamente fondamentale, perché posta a metà strada tra le vie Tiburtina e Nomentana, e in grado di proteggere le rocche di Palombara- attaccata da Federigo- e Monterotondo, e di interrompere l'accesso a Tivoli quindi in grado di minacciare le comunicazioni tra Roma e gli Abruzzi, dove era in corso la guerra tra Aragonesi ed Angioini.

Per Pio II Tivoli aveva una funzione strategica fondamentale, tanto da dire a Federigo da Montefeltro che

Sarebbe più facile recuperare Roma perduta da Tivoli, che Tivoli da Roma [3],

ed eresse quindi la possente fortezza che da lui prende il nome (1461) su una precedente rocca di Martino V Colonna:

Grata bonis, invisa malis, metuenda superbis.

Che i *superbi* fossero i tiburtini non era certo un segreto, i pensi al motto *Tibur Superbum*, e neppure era trasparente l'ispirazione al virgiliano

Parcere subiectis et debellare superbos [4].

Del resto Enea Silvio aveva pur sempre scelto Pio come nome all'atto dell'elezione al Soglio pontificio non in memoria di Pio I, ma per l'epiteto *pius* attribuito da Virgilio ad Enea!

E insieme a Tivoli il papa nominò familiari e senesi castellani delle rocche di Castel S. Angelo, Città di

Castello, Ostia, Orvieto, Spoleto e Viterbo- tutte affidate a membri di casa Piccolomini- e concittadini senesi erano i castellani di Tivoli, Civita Castellana, Civitavecchia, Terracina e Vallerano[5].

Come si vede, sia nella scelta dei condottieri, chiamati da fuori, che dei castellani, il papa cercò di evitare legami troppo stretti con Orsini, Colonna, Savelli, Conti e via dicendo, di volta in volta alleati e nemici. Evidentemente il Montefeltro non riuscì ad espugnare la rocca, poiché essa ancora al tempo di Paolo II era in mano a Deifobo, finché, nel 1465 Napoleone Orsini riuscì ad impadronirsene, strappandola ad Everso dell'Anguillara, e trovando le segrete, come ricorda Rodolfo Lanciani nel suo lavoro sulla Roma rinascimentale,

Piene di poveri disgraziati che erano stati lasciati a morire di fame in catene e nell'oscurità per diversi anni[6] .

Come scrive lo storico francese Jacques Heers, l'analisi di queste lotte di fazione tra Orsini e Colonna è molto difficile:

imbrogliate, spesso indecifrabili, non rispondono ad alcuna logica, non i inscrivono assolutamente in alcuno schema: vi hanno la loro parte sicuramente la tradizione, le eredità, ma anche i dissidi improvvisi, che forniscono pretesto a vendette inesorabili, senza fine, le ambizioni personali, le incompatibilità. Le guerre civili, giacché di questo si tratta, oppongono regolarmente i Colonna e gli Orsini, ma le loro posizioni non sono mai le stesse, le intese con le altre grandi famiglie nascono e si rompono: i Colonna, molto numerosi- sicuramente diverse centinaia di uomini- si scindono talora in due partiti opposti.

L'obbiettivo fondamentale, che si impone con la massima urgenza per la conquista di un potere pontificio effettivo è prima di tutto l'abbattimento della potenza di queste fazioni romane. [7].

Compito non facile, e simile alla fatica di Sisifo: per quanto potesse essere energico un papa, infatti, alla morte del pontefice seguiva inevitabilmente un periodo di interregno e caos, culminante con gli attacchi ai seguaci del papa defunto da parte dei suoi nemici, come si vide alla morte di Callisto III Borgia nel 1458, con la caccia agli spagnoli ed il saccheggio del palazzo di famiglia, facendo ripiombare ogni volta la situazione nel caos e nelle contese, tanto che i cardinali devono mercanteggiare per ottenere l'appoggio decisivo di Colonna od Orsini. E se Sisto IV, con la sua energia, era riuscito a soffocare la lotta tra le fazioni, sotto l'inetto e corrotto Innocenzo VIII Cybo, gli Orsini e i Colonna riprendono a combattersi apertamente per le vie della stessa Roma, e, alla morte di Innocenzo, nel conclave del 1492 il cardinale Rodrigo Borgia, per prevalere su Giuliano della Rovere, appoggiato dai Colonna, promise agli Orsini i castelli di Monticelli, Cerveteri, Ceri, e via dicendo. Che non consegnò mai.

Il nuovo papa si trova subito di fronte al gravissimo problema dell'ordine pubblico. L'interregno tra la morte di Innocenzo VIII e l'assunzione al Soglio di Alessandro VI era stato, al solito, funestato da gravissimi tumulti. Aizzati dalle consorterie cittadine, guidate da Orsini e Colonna, i romani avevano tramutato la città in un campo di battaglia: in diciassette giorni vi furono stupri, rapine, attentati, incendi, e duecentoventi omicidi, oltre ad un numero incalcolabile di feriti.[8]

Alessandro VI reagì duramente, arrestando e processando i responsabili, aumentando la forza pubblica, inasprendo le pene contro i facinorosi: ma i partigiani delle due casate si erano già posti in salvo fuori dalle mura aureliane, nei feudi dove la giustizia del papa non sarebbe mai arrivata.

Se, infatti, in Roma, al di là dei palazzi fortezza degli Orsini a Monte Giordano e al Teatro di Marcello e dei Colonna nell'immenso fortilizio dei SS. Apostoli alle pendici del Quirinale, erano scomparsi i castelli baronali, costruiti nel Medioevo su monumenti romani, dal Colosseo all'Arco di Tito, la situazione era

5   Corbo, *Pio II Piccolomini,* cit., p.8.
6   Rodolfo Lanciani, *The Golden Days of the Renaissance in Rome,* London 1906, tr.it. Roma 2006, p.52.
7   Jacques Heers, *La vie quotidienne à la Cour Pintificale aux temps des Borgias et des Médicis (1420-1450),* Paris 1986, tr. it. Milano 1988, pp 51 segg.
8   Roberto Gervaso, *I Borgia,* Milano 1976, p.100.

ben diversa nella campagna romana e verso gli Appennini, dove il potere del pontefice non era neppure nominale.

I grandi feudi di Palestrina, dei Castelli, di Bracciano, di Monterotondo non servivano solo per l'approvvigionamento del grano e dei beni necessari alle famiglie, ma erano anche il luogo di arruolamento dei soldati delle compagnie di ventura delle varie famiglie. Questo spiega perché Orsini e Colonna si contendessero così aspramente Tagliacozzo e i feudi della Marsica, da dove, oltre a controllare i tratturi e la via degli Abruzzi, provenivano tra i migliori combattenti d'Italia, guerrieri montanari duri e abituati alle fatiche e alle intemperie: nel 1494, quando Fabrizio Colonna combatte con Carlo VIII di Valois contro il re di Napoli saranno proprio le conoscenze dei tratturi appenninici da parte dei suoi soldati abruzzesi. Ostili al papa, i Colonna- ma con loro anche Virginio Orsini- si erano schierati col re di Francia, e Fabrizio consegnerà a Carlo VIII ed al cardinale Giuliano della Rovere la Rocca di Ostia, permettendo lo sbarco della flotta francese alle foci del Tevere. Carlo entrerà a Roma il 2 giugno, senza colpo ferire, accolto dal papa- che, appena partito il Valois, si affretterà a fuggire a Bracciano, ospite degli Orsini.

Né migliori saranno le relazioni con gli stessi Orsini, quando Alessandro, cessata la minaccia francese, nel 1496 chiede agli Orsini il castello di Bracciano ed Anguillara- fortezza pontificia, venduta da Franceschetto Cybo a Virginio Orsini dopo la morte del padre Innocenzo VIII- allo scopo di rafforzare le difese pontificie da minacce provenienti dal nord. Alla riposta negativa il papa muove guerra agli Orsini.

Il figlio del papa, Giovanni (Juan) duca di Gandia viene eletto nel settembre del 1496 legato nel Patrimonio, e il 26 ottobre capitano generale dell'esercito papale, affiancato nel comando dal duca di Urbino Guidobaldo da Montefeltro, Giovanni il 27 ottobre inizia la marcia contro l'esercito ursino. La spedizione in un primo tempo raccoglie qualche successo: molte terre degli Orsini, sino ad Anguillara, vengono prese dai pontifici; ma il duca di Gandia, presto rimasto unico responsabile del comando a causa di una ferita del Montefeltro, deve arrestarsi di fronte alla tenace resistenza della fortezza di Bracciano affidata a Bartolomeo d'Alviano, aiutato dalla moglie Bartolomea Orini, figlia di Napoleone, tanto che i braccianesi si prendono gioco del figlio del pontefice, inviando al campo pontificio un somaro con appeso al collo un cartello:

Lasciatemi andar per la mia via
Che vado ambasciator al Duca di Gandia[9]

Sottoposto a. un duro assedio per quasi tre mesi di un inverno terribile, a opera di un esercito che riceveva sempre nuovi rinforzi di uomini e di artiglierie da Roma e da Napoli, l'Alviano riesce a resistere finché, alla fine del gennaio 1497, non giunse a soccorrerlo un nuovo esercito raccolto con denaro francese da Vitellozzo Vitelli: questi affronta Giovanni. A Soriano il 25 gennaio e gli infligge una pesante sconfitta, volgendo in fuga il suo esercito e recuperando agli Orsini tutto l'alto Lazio. Soltanto l'arrivo da Napoli di un forte contingente di milizie al comando di Gonsalvo de Cordova valse a salvare la stessa Roma da una situazione critica.

Viene conclusa la pace, ma poco dopo il duca di Gandia scompare, e viene trovato morto nelle acque del Tevere.

Come scrive Gaspare de Caro[10],

9   Ludovico Gatto, *Storia di Roma nel Medioevo*, in AAVV, *Storia di Roma dalla fondazione all'inizio del Terzo millennio*, Roma 1998, p.918.
10   G. De Caro, *Borgia, Giovanni, duca di Gandía*, in *Dizionario Biografico degli Italiani* , XII, Roma1971, s.v.

▲ La rocca di Monte Celio e borgo sottostante in una veduta fine del XV secolo (Palazzo Cesi, Roma).

...La morte improvvisa e misteriosa [del duca di Gandia]*, ucciso a pugnalate e gettato nel Tevere nella notte del 14 giugno 1497, in circostanze che allora non furono chiarite e che rimangono tuttora oscure.*
Soprattutto non si riuscì a far luce sui mandanti del delitto: la voce pubblica lo attribuì dapprima a una vendetta politica degli Orsini, e poi di Ascanio e di Giovanni Sforza, i primi come replica alla politica antibaronale del papa, i secondi in odio allo stesso pontefice che aveva abbandonato la sua politica filosforzesca; corsero anche sospetti a carico del fratello del B., Goffredo, poiché erano noti i rapporti incestuosi che il B[orgia]. aveva con la cognata Sancia d'Aragona. E finalmente le accuse s'incentrarono su Cesare Borgia, emulo del fratello nelle imprese galanti e ingelosito dalla preferenza che il papa gli accordava come al principale esponente della dinastia. La stessa moglie del B[orgia], Maria Enriquez, mostrò di credere a quest'ultima versione. Ma nessuna di queste accuse fu convincentemente documentata e lo stesso Alessandro VI dovette infine rinunziare a ogni indagine su quell'episodio che certamente egli considerò come l'evento più luttuoso della sua vita.

Colpevoli o meno che fossero, gli Orsini erano destinati a pagarla cara.
La situazione caotica seguita alla morte del Gandia spinse i baroni ad una maggiore attività, facilitata anche dall'assenza di conflitti nella penisola, che aveva permesso ai condottieri legati alle varie casate di tornare nei loro feudi con le proprie compagnie di ventura: imbaldanziti, gli Orsini e i loro alleati Conti mossero dai feudi familiari di Monterotondo e della Sabina contro i Savelli, alleati dei Colonna, attaccando e bruciando Palombara e attaccando Torre Mattia. Per rappresaglia, Antonello e Giovan Battista Savelli, con le compagnie di Giovanni Caracciolo, Fabrizio, Prospero, Marcantonio e Pompeo Colonna marciarono contro Cretone, feudo dei Conti, per raderlo al suolo. Dall'altra parte, per regolare una volta per tutte i conti si radunarono presso Tivoli le ordinanze di Francesco Orsini, duca di Gravina, con Carlo, Giulio, Gian Giordano Orsini, e gli uomini di Bartolomeo d'Alviano, allo scopo di tagliare ai Colonna la strada verso le proprie terre di Palestrina, e di annientarli in una battaglia campale .

▲ *La cavalleria degli Orsini entra in battaglia.*

LA BATTAGLIA DI MONTECELIO

…il dì della battaglia innanzi alla fine d'essa nessuno può dire di avere la vittoria certa per vantaggio che egli abbia, perché è sottoposto a mille pericoli.

(Gino di Neri Capponi, 1420).

L'unica fonte di cui disponiamo per ricostruire la battaglia è la *Historia di Casa Horsina* del Sansovino, mentre al cenno fatto dal Guicciardini, nella *Storia d'Italia*, si deve l'indicazione del numero dei combattenti.

Secondo lo storico e diplomatico fiorentino le forze dei soli Orsini erano costituite da milleduecento fanti e ottocento cavalieri[1]; ignoriamo quanti fossero i Colonnesi, ma dovevano essere all'incirca altrettanti, come dimostra il numero dei comandanti, con un maggior numero di cavalieri, come scrive il Sansovino, che parla, a proposito degli Orsini, di *cavalleria diseguale di uomini e di nerbo*.

Possiamo dunque ragionevolmente ipotizzare un totale di circa quattromila combattenti, con una predominanza della fanteria, documentata per gli Orsini dal Guicciardini, e probabile per i Colonna che rientravano da operazioni d'assedio contro i feudi dei Conti, operazioni nelle quali i fanti erano molto più utili dei cavalieri. Dal resoconto del Sansovino si evince inoltre una netta superiorità dei Colonnesi nelle artiglierie, come vedremo.

A titolo di paragone, la condotta comandata da Federigo da Montefeltro, capitano generale dell'esercito di Sisto IV durante la cosiddetta "Guerra dei Pazzi" contro Firenze (1478-1479), era costituita da 400 fanti e 400 cavalieri[2], mentre solo tre anni prima il duca di Milano, nella battaglia di Fornovo, il 6 luglio 1495, aveva schierato un contingente di 1.500 uomini circa, e ancora meno ne aveva la compagnia di Giovanni II Bentivoglio, signore di Bologna[3].

E' poi utile confrontare l'andamento della battaglia con i trattati militari contemporanei, come quello di Orso degli Orsini (1477) e di Diomede Carafa (1478-79), e con le tattiche usate dagli stessi condottieri che combatterono a valle di Vazolo in altre battaglie della loro carriera militare.

Nella mattina di giovedì 12 aprile 1498, festa di san Zenone vescovo e martire, dunque, gli Orsini tentarono di intercettare l'esercito dei Colonna e di Antonello Savelli che tornava dall'assedio e dal sacco di Cretone e di Stazzano, feudi di Jacopo Conti, parente e alleato degli Orsini, che, con l'occupazione di Torre Mattia, aveva provocato la reazione dei Colonnesi e dei Savelli..

---

1   Francesco Guicciardini, Storia d'Italia, IV, 2: *gli Orsini, che aveano dumila fanti e ottocento cavalli.*.

2   Ciò ci permette di fare alcune considerazioni circa i costi e le paghe delle compagnie: Federigo ricevette dal papa l' *ingente somma di 77.000 ducati per comandare 400 cavalieri e 400 fanti (…) ciascun componente dell'esercito ducale sarebbe stato pagato sul momento: 15 ducati ai cavalieri e 8 ducati ai fanti*: Marcello Simonetta, *L'enigma Montefeltro*, Milano 2008, pp.172- 173. Non c'è ragione di pensare che i costi delle compagnie presenti a Monte Celio fossero molto diversi, a parte sicuramente le fanterie di Giulio Orsini, stando al Sansovino formate da milizie contadine e non da professionisti. Come ricorda Mallet, *il pagamento in somme globali alle compagnie veniva sempre calcolato in fiorini o in ducati aurei, mentre il soldo effettivamente pagato ai singoli soldati avveniva in moneta d'argento* (Mallet, Signori e mercenari, cit., p. 141). E ancora: *Quando si vuole calcolare il valore della moneta del Rinascimento in moneta attuale ci si imbatte in un ben arduo problema. La cosa migliore è quella di riportare alcuni esempi dei salari e dei prezzi allora correnti (…). A Firenze, intorno al 1400, i lavoratori manuali meno pagati ricevevano l'equivalente di 20- 25 fiorini l'anno, mentre un bravo artigiano guadagnava circa il doppio. Con un fiorino si compravano due botti di vino roso o 50 chili di carne. Il fiorino e il ducato avevano più o meno lo stesso valore* (ibid., in nota). In realtà, secondo Niccolò Capponi nel corso del XV secolo il ducato ebbe un apprezzamento del 30% rispetto al fiorino (Niccolò Capponi, *La battaglia di Anghiari. Il giorno che salvò il Rinascimento*, Milano 2010, p.45).

3   David Nicolle, *Fornovo 1495, France's Bloody Fighting Retreat*, Oxford 1993, p.35.

PROSPERO . COLONNA .

▲ *Ritratto di Prospero Colonna*

Oltre alle condotte di Francesco Orsini, duca di Gravina, e di Bartolomeo d'Alviano, genero di Napoleone Orsini, gran parte delle truppe degli Orsini era formata da fanterie levate dai feudi della casata, contadini di scarso addestramento e di morale basso, a differenza delle ben addestrate cavallerie dell'Alviano e del duca di Gravina[4].

Abbiamo un idea precisa di come fossero le fanterie ursine grazie al trattato di arte militare scritto nel 1477 da Orso degli Orsini e dedicato a re Ferrante d'Aragona, nel quale descrive l'uso delle fanterie d'assalto: erano armate di piccoli scudi rotondi, spade, lance corte e giavellotti, e, accompagnate da balestrieri e schioppettieri, avevano il compito di attaccare la cavalleria avversaria piuttosto che i fanti, in modo da uccidere i cavalli e finire il cavaliere caduto. Il manuale di Orso degli Orsini prevedeva quanto in effetti si verificò sotto Monte Celio: la fanteria non doveva attaccare frontalmente, ma assalire il nemico in ordine relativamente sparso, e spostarsi rapidamente tentando di colpirne i fianchi[5].

Gli Orsini piazzarono gran parte delle fanterie sui fianchi orientali del colle su cui sorge Monte Celio, e la cavalleria ad occupare la valle di Vazolo (Bazolo) davanti a Casabattista, e dietro il ponte[6] sul fosso Vazoletto che doveva essere obbligatoriamente attraversato dai Colonnesi, i quali provenendo da nord, da S. Giovanni in Argentella, erano obbligati a seguire la valle, costeggiando il lato destro del fosso Vazoletto sino al ponte davanti a Casabattista, trovandosi dapprima stretti tra il colle di Monte Celio e quello di Santo Stefano, per poi sboccare nella piana di san Vincenzo[7], tra il colle di Carcibove e gli acquitrini, nella zona di S. Filippo *ai prati*[8]. Infatti, i terreni bassi ad occidente del colle di Monte Celio erano impregnati dell'acqua caduta in quei giorni, e costituivano un terreno paludoso totalmente inadatto all'impiego della cavalleria pesante, ed al passaggio dei carri e delle artiglierie.

Il percorso seguito dalle truppe Colonnesi può venir ragionevolmente così ricostruito: dopo aver saccheggiato Cretone e Stazzano i Colonnesi la mattina del 12 aprile percorsero in direzione sudovest la Valle di Vazolo, per rientrare nei loro possedimenti di Palestrina. Ma Cretone si trova a nord ovest di Monte Celio, Stazzano, più lontana, è a nord mentre la valle di Vazolo è alle pendici sudorientali del colle su cui sorge la cittadina cornicolana. L'unica spiegazione logica dei movimenti dei Colonnesi, quindi, è che questi venissero da Palombara, dove probabilmente passarono la notte, rifocillandosi

---

4   Stando al Cerasoli, numerosi membri di famiglie tiburtine partigiane delle due casate parteciparono alla battaglia dalle due parti: con gli Orsini si schierarono le famiglie Leonini, Croce e Tibaldi, con i Colonna Zacconi, Briganti [sic per Brigante- Colonna], Coccanari e Fornari (Francesco Cerasoli *Ricerche storiche intorno al Comune di Montecelio già Monticelli presso Tivoli*, Roma e Firenze, 1890, p.38). Non è citata la fonte, e sembra che il Cerasoli si sia basato su un passo degli *Annali e memorie di Tivoli* di Giovanni Maria Zappi (1580) in cui si elencano le famiglie partigiane delle due casate, ma senza alcun cenno alla battaglia; passo citato anche da Franco Sciarretta (*Storia di Tivoli*, Tivoli 2003, p.88), il quale, trattando delle contese tra Orini e Colonna a Tivoli cita tutti i documenti noti, compresi due atti del 1495, una *tregua* tra le fazioni in lotta e un *provvedimento* cronologicamente i documenti più tardi disponibili sull'argomento, ma nulla che confermi la partecipazione di tiburtini alla battaglia: Sciarretta, op.cit. p. 88. Anche in questo caso Cerasoli ha frainteso, o ha, per l'ennesima volta, stravolto le fonti, cosa per lui abituale, come vedremo più avanti a proposito della distruzione della chiesa di San Vincenzo.

5   Nicolle, *Fornovo 1495, France's Bloody Fighting Retreat*, cit., p.33

6   Si tratta forse di quello in località Tre Ponti. Il ponte è ancora esistente, sebbene rifatto più volte, oppure, come sembra indicare il testo del Sansovino, di quello più a sud, di fronte a Casabattista.

7   Piccolini ricorda come nel XVII secolo monsignor Angelo Picchetti fece dipingere in una loggia del suo villino a S. Luigi, sotto Montecelio, una rappresentazione a chiaroscuro della battaglia, ora scomparso, con la seguente didascalia:
BELLO INTER ORSINOS ET COLUMNENSES
IN PLANITIE VINCENTII
DECERTATO LOCVS INSIGNII VICTORIA DECORAT.
(*Montecelio già Monticelli*, cit., p.111.)
L'espressione *in planitie* [Sancti] *Vincentii*, nella piana di [S.] Vincenzo, colloca la battaglia nella pianura a sud ovest di San Vincenzo, davanti al ponte sul fosso Vazoletto ed a Casabattista, confermando così quanto scritto dal Sansovino: *innanzi a Casabattista* e *il ponte per lo quale dovevano necessariamente passare i Colonnesi*.

8   Ceresoli, op.cit., p. 37.

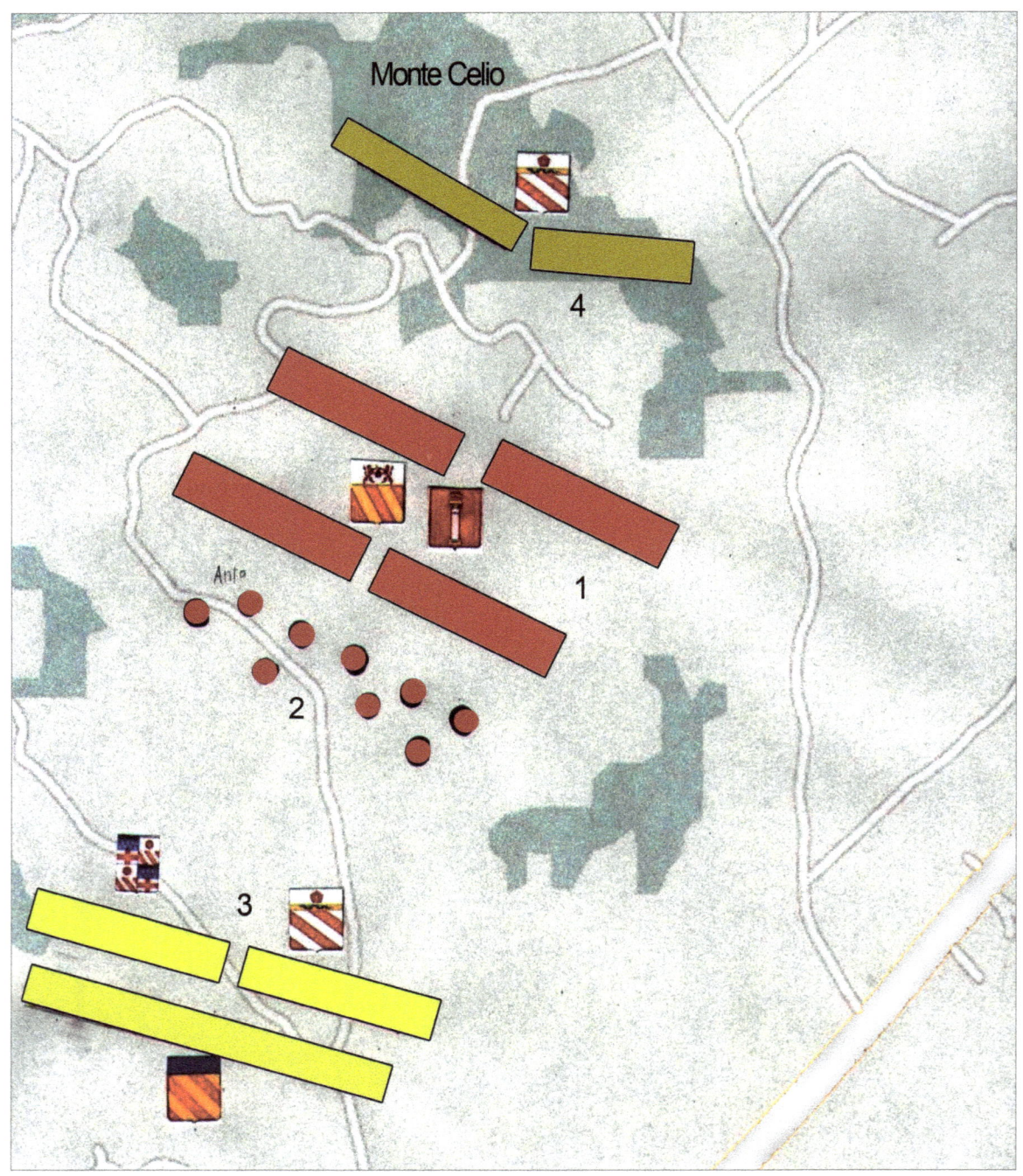

Monte Celio

4

1

Anfe

2

3

▲ Mappa della battaglia.
Legenda: Lo schieramento iniziale. (1) Le truppe dei Colonna e dei Savelli, provenienti da Palombare (in rosso) si schierano in battaglia nella piana di Vazolo, protette dalla cavalleria leggera (2). In avanguardia si trovano le compagnie di Fabrizio Colonna e Antonello Savelli, alla retroguardia Prospero Colonna con le artiglierie e G. Battista Savelli con le salmerie. Di fronte (3) è schierata la cavalleria degli Orsini, dei Caracciolo e di Bartolomeo d'Alviano (in giallo) a chiudere la strada verso Tivoli e Palestrina, roccaforte dei Colonna. Alle spalle dei Colonna, sulle pendici di Monte Celio, sono appostate (4) le milizie contadine di Giulio Orsini (in verde).

nel feudo appartenente ai Savelli. Da Palombara le truppe, passando dal monastero di San Giovanni in Argentella, presero l'attuale via dei Cinque Sassi, che seguiva con ogni probabilità l'antica via Corniculana, e che permetteva un passaggio più agevole dei carriaggi e delle artiglierie, transitando per il Colle di Santo Stefano per discendere *in planitie*, allo sbocco della valle di Vazolo, tra la basilica di S. Vincenzo e Casabattista.

Disegno dell'Alviano e del duca di Gravina era quello di spingere il nemico, ostacolato dai carriaggi e dal bottino, ad attaccare le cavallerie attraverso il ponte al fine di aprirsi un passaggio, esponendo i fianchi e le retroguardie all'assalto della fanteria, comandata da Giulio Orsini, che avrebbe attaccato la retroguardia avversaria, scendendo dal lato SE del colle, uscendo dalla macchia.

Essi avevano collocato quasi tutti i fanti a piè del sinistro lato del monte, per circondare i nemici alle spalle, e assaltarli dal luogo di sopra,

scrive Sansovino: ovviamente *a piè* non significa nella piana, ma a mezza costa tra la pianura, dove si sarebbero schierati i Colonna, e la cima del colle, dove sorgono la rocca e l'abitato.

In quel punto, la piana si allarga verso il colle di Carcibove, permettendo alla cavalleria di potersi spiegare, ma lasciando alle spalle le pendici del colle di Monte Celio, da dove i fanti avrebbero dovuto attaccare alle spalle i Colonnesi già impegnati frontalmente.

Andarono per la valle che è sotto Monticelli posto nel contado di Tivoli innanzi a Casabattista a incontrare i Colonnesi che ritornavan da saccheggiar Cretone, con animo di combatter con loro, quasi certi della vittoria.

In realtà non solo non vi fu nessuna sorpresa, perché il Savelli e i Colonna si accorsero della presenza del nemico, ma l'Alviano e gli Orsini persero del tempo prezioso, perché permisero- dopo un primo momento in cui i Colonnesi avevano pensato a ripiegare verso Palombara e Cretone- lo schieramento dell'esercito avversario senza a quel che pare nemmeno infastidirlo, probabilmente decidendo di accettare battaglia su consiglio di Prospero Colonna, comandante della retroguardia, che incitò a non ritirarsi di fronte agli Orsini[9].

Insieme a Prospero c'era il fratello Pompeo, entrambi destinati, di lì a pochi anni, a diventare i migliori condottieri italiani al servizio della Spagna, coloro che a Cerignola (1503) con la cavalleria e l'artiglieria leggera sconfiggeranno i francesi e i temuti picchieri svizzeri[10], utilizzando tattiche molto simili a quelle che vedremo a proposito della battaglia di Monte Celio.

All'avanguardia dell'esercito colonnese si schierarono le condotte di Antonello Savelli, capitano generale, e di Fabrizio Colonna[11]; in mezzo, secondo l'usanza del tempo, anche se Sansovino ne tace, le salmerie e i carriaggi, e in retroguardia Prospero Colonna e Giovan Battista Savelli con le artiglierie; davanti, secondo le tattiche dell'epoca descritte da Diomede Carafa nel 1478- 79, gruppi di schermagliatori di cavalleria leggera, che avevano compiti esplorativi.

I Colonnesi ebbero anche tempo per schierare le proprie artiglierie, ciò che avrebbe determinato l'esito dello scontro.

Dopo aver perso l'effetto sorpresa e dato modo al nemico di schierarsi, le fanterie di Giulio Orsini iniziarono ad attaccare il fianco dei Colonnesi, scendendo dalle pendici boscose del colle, venendo investite dal fuoco delle artiglierie leggere.

9   Pompeo Litta, *Famiglie nobili d'Italia. Colonna di Roma*, Torino, 1836-1838, tav. IV, citato in Cerasoli, *Memorie storiche*, cit., p.38, scrive che
        fu specialmente per consiglio di Prospero Colonna che si guadagnò la battaglia di Monticelli.
10   Mallet, op. cit., pp. 254-255.
11   Marco Pellegrini, , ricorda che *il genio militare* [di Fabrizio Colonna] *fu celebrato da Machiavelli nell''Arte della guerra'* : Marco Pellegrini, *Le guerre d'Italia 1494-1530*, Bologna 2009, p.69.

Scrive il Sansovino:

Si trovavano i Colonnesi allora molto copiosi di falconetti, i quali essi accomodarono per trarre ai fanti che erano sul colle.

Il falconetto era un pezzo d'artiglieria leggera di piccolo calibro -da 5 a 7 cm-, trasportabile a mano, che sparava palle piene di peso variabile a seconda del modello, che tuttavia non era così comune, tanto che, nel 1526, l'esercito lanzichenecco di Georg von Frundsberg, ufficiale di Carlo V, che combatteva contro Giovanni dalle Bande Nere, ne era sprovvisto, e ne dovette chiedere due al duca di Ferrara, e fu proprio un colpo di falconetto ad infliggere a Giovanni, durante uno scontro a Governolo, il colpo che gli sarebbe stato fatale.

C'è da chiedersi se i *falconetti* di cui parla Sansovino non fossero piuttosto schioppi maneschi, all'epoca sempre più diffusi tra la fanteria leggera, e che tendevano a soppiantare definitivamente la balestra, sebbene meno precisi; ma va ricordato come i Colonnesi venissero dall'assedio di Cretone, dove era stato fatto largo uso di artiglieria, e quindi l'abbondanza di

BARTOLOMEO LIVIANO

▲ *Altra nota incisione dell'Alviano.*

artiglierie non deve meravigliare[12]. Del resto il verbo *accomodare* usato dal Sansovino sembra indicare proprio il posizionamento di pezzi di artiglieria leggera. Non era certo qualcosa di nuovo: infatti, come già Colleoni aveva fatto nella battaglia della Riccardina del 1466 contro Federigo da Montefeltro, i falconetti potevano essere montati su carri, ciò che ne avrebbe permesso il dispiegamento immediato:

Qui, presso Molinella, a Riccardina, Montefeltro e Colleoni si scontrano per la prima volta. E per la prima volta l'esercito di Bartolomeo usa le spingarde contro la fanteria e la cavalleria avversaria: erano collocate su piccoli carri, lunghe tre cubiti, e tiravano palle, narrano, alquanto più grandi d'una pruna. E' un massacro, almeno per le battaglie del Rinascimento[13],

ciò che fece sì che Colleoni si guadagnasse la *taccia di barbaro e maligno*, venendo però imitato dagli altri condottieri.

Se è così si spiega perché anche nella battaglia di Monte Celio ci siano state perdite ingenti, tra i quattrocento e gli ottocento uomini. Ogni salva era costituita da tre palle caricate nella canna di ciascun

---

12   Ricorda Sansovino che pochi giorni prima, all'assedio di Cretone, *Tra le vecchie rovine dell'Ariccia, restava ancora una torre con un Borgo che era guardato da Savo Astalli romano, tanto fedele al Trojano [Conti], che volle piuttosto morire che accettare qualunque condizione. Fu morto dall'artiglieria che aveva mandato a terra gran parte della muraglia: presa dai Colonnesi, la spianarono fino a terra.*

13   Pierluigi Romeo di Colloredo, *L'Alifante et l'Aquila. Sigismondo Pandolfo dei Malatesti e Federico da Montefeltro.*, Roma 2009, p.97.

▲ *La carica della cavalleria dei Colonna.*

pezzo, all'uso italiano, ciò che triplicava i danni inflitti dalle artiglierie[14].

E come alla Riccardina il fuoco dei falconetti deve avere un effetto devastante sul morale delle fanterie degli Orsini, formate in gran parte da milizie contadine:

i fanti, i quali erano per la maggior parte contadini, avvezzi piuttosto a maneggiar gli aratri, che le armi,

anche per l'effetto psicologico determinante causato dal rumore e dal fumo su truppe incerte o disorganizzate.

Per quanto poi potessero essere imprecise le artiglierie dell'epoca, da una distanza ravvicinata potevano essere micidiali: testimonianze quattrocentesche ricordano gruppi di armigeri falciati a gruppi di due o tre alla volta insieme ai loro cavalli da ogni colpo, che, ricordiamo, era composto da tre palle di pietra, che, quando cadevano a terra rompendosi, facevano partire una pioggia di schegge di pietra tutt'intorno[15].

Et era cosa spaventosa et terribile vedere a ogni colpo d'artiglieria farsi strada tra quella gente, et balzare in alto elmeti co'capi dentrovi, spallacci, mezzi huomini[16],

così Iacopo Guicciardini descrive in una lettera a Francesco l'effetto del fuoco di artiglieria alla battaglia di Ravenna: era l'artiglieria di Fabrizio Colonna, la stessa della valle di Vazolo.

Ad aggravare la situazione il cavallo di Giulio Orsini, comandante della fanteria, si abbatte al suolo, colpito alla testa, provocando un'ondata di panico tra le milizie che si sbandano dandosi alla fuga *verso i Monti*, da intendersi, dato lo schieramento delle fanterie sulle pendici di Monte Celio, più che verso Monte Celio stessa- è molto probabile che le porte della cittadina fossero state chiuse alla vigilia della battaglia- e dove difficilmente sarebbero stati accolti dalla guarnigione pontificia, verso Carcibove e Monte Albano (Poggio Cesi).

Prospero Colonna ha usata l'artiglieria così come la userà esattamente cinque anni dopo, nell'aprile del 1503, contro i quadrati di picchieri svizzeri al servizio del re di Francia, distruggendo il mito dell'imbattibilità elvetica, con i medesimi risultati, anche se, ovviamente, le milizie ursine non sono le temutissime *Fahnlein* svizzere[17]: ma il principio tattico dell'uso dell'artiglieria leggera en masse è lo stesso, e, se a Cerignola romperà i quadrati di picchieri svizzeri, cosa mai riuscita ai borgognoni ed agli austriaci, ci si può ben figurare l'esito contro gli Orsini a valle Vazolo.

Trattandosi delle condotte arruolate dal Colonna, i vincitori di Cerignola sono in gran parte veterani di Monte Celio.

E' a questo punto che la cavalleria pesante dei Colonna carica quella degli Orsini, con le ordinanze di Antonello Savelli e di Fabrizio Colonna che forzano il ponte e guadano il corso d'acqua.

Le fasi iniziali dello scontro di cavalleria possono venir ricostruite sulla base delle tattiche usate dai fratelli Colonna a Cerignola e sul Garigliano, cinque anni dopo, e che corrispondono a quelle consigliate da Diomede Carafa nel suo trattato del 1478, ovvero una serie di cariche frontali ripetute, precedute dagli schermagliatori di cavalleria, archibugieri a cavallo e balestrieri montati che bersagliano i nemici. Per scompaginarne le ordinanze. Gli schermagliatori vengono seguiti a ruota dai cavalieri più pesanti, che sono la forza d'urto vera e propria, e seguiti dalla cavalleria leggera, che finisce gli avversari ormai in

14   Nicolle, *Fornovo 1495*, cit., p.33. Orso degli Orsini consigliava invece di usare bombarde di piccolo calibro, caricate con una sola palla secondo l'uso francese, anziché con tre palle, secondo quello italiano.
15   Capponi, *La battaglia di Anghiari*, cit., p.163.
16   Lettera di Iacopo Guicciardini a Francesco Guicciardini, 23 aprile 1512. Iacopo Guicciardini descrive l'effetto delle artiglierie di Fabrizio Colonna durante la battaglia di Ravenna.
17   Sugli svizzeri, Douglas Miller, *The Swiss at War 1300-1500*, Oxford 1993.

▲ La Palombara, da cui provenivano i Colonnesi, vista dalle posizioni di Giulio Orsini

▲ Il luogo di schieramento della cavalleria degli Orsini.

disordine e li insegue[18]. I Colonnesi seguono la scuola *braccesca*, che prende il nome da Braccio Fortebraccio da Montone, scuola che prevedeva cariche a rotazione da parte della cavalleria, in modo da avere sempre delle truppe fresche a disposizione

Dopo un periodo imprecisato, ma che, stando al Guicciardini, che parla di battaglia *lunga e valorosa*, dev'esser stato piuttosto esteso in cui le cavallerie delle due parti si scontrano davanti a Casabattista, Antonello Savelli guida personalmente l'assalto che forza il ponticello, e se una parte della cavalleria degli Orsini, inferiore di numero, scappa verso le Fosse, i cavalieri di casa Orsini invece resistono e si battono ferocemente contendendo il terreno ai Colonnesi, indietreggiando sino alle Fosse Tiburtine, l'antica località di *Concae*, dove Aureliano aveva confinato Zenobia, sino alla chiesa di San Filippo nella località *ai prati[19]*.

Antonello Savelli si lancia in avanti, ma viene circondato e catturato, venendo ferito al braccio destro e trascinato nelle linee degli Orsini, mentre i cavalieri nemici gli frantumano l'elmo a colpi di mazza ferrata, e a fatica riesce a ritornare tra le proprie linee:

▲ *Il luogo della battaglia visto dalla casa dell'autore.*

Antonello discostatosi un lungo tratto dai suoi , e condotto tra la folla dei nemici, ricevuta una ferita sul braccio destro e statogli tolto l'elmo in capo, si tolse dalle lor mani e diportatosi in quel giorno con molto valore, non molto dopo vi morì.

Diversa versione vuole che sia stato ferito da un colpo di falconetto, il che prova come anche gli Orsini disponessero di artiglierie; ad ogni modo le ferite sono gravissime, e Antonello morirà nei giorni seguenti.

Non c'è da meravigliarsi del fatto che il Savelli, ma anche Giovanbattista Caracciolo, Giulio e Carlo Orsini, per citare solo i capitani rimasti feriti in alcuni casi mortalmente o come Carlo, feriti e catturati, ma il discorso vale anche per gli altri- si espongano così: la mentalità italiana dell'epoca vede ancora la battaglia il luogo dove far mostra di prodezze individuali e dove guadagnarsi, anche a rischio della vita, fama e gloria, soprattutto quando, come sotto Monte Celio stimolati *non meno* [dal]*la passione ardente delle parti che* [dal]*la gloria e l'interesse degli stati[20]*. Scrive Baldassarre Castiglione nel *Cortegiano*:

Ove il cortigiano partecipi a una schermaglia,a un assalto, a una battaglia terrestre o a qualsiasi altra impresa, deve agire abilmente per distinguersi dalla massa e compiere atti e gesta temerarie, insieme al minor numero possibile di compagni e sotto gli occhi dei nobili più stimati nel campo.

18   Nicolle, *Fornovo 1495*, cit., p.33.
19   Giovanni Carlo Crocchiante, *Istoria delle Chiese della città di Tivoli*, Roma 1726, cit. in Cerasoli, op. cit., p.38.
20   Guicciardini.

La maniera in cui Antonello Savelli si è slanciato da solo, o con pochi compagni d'arme, nelle file avversarie dimostra come quelle del Castiglione non siano solo espressioni retoriche, ma rispecchino la realtà della mentalità del tempo, ancora intrisa di richiami classici e cavallereschi.

Ma una volta travolta la cavalleria avversaria, i cavalieri Colonnesi accerchiano gli Orsini, e catturano Carlo Orsini insieme ad altri venti membri della casata (probabilmente si trattava di guardie del corpo, la *famiglia*, e non di Orsini) , mentre a fatica Bartolomeo d'Alviano, Giulio e Giovanni Orsini riescono a sfuggire alla cattura fuggendo verso Tivoli. I Colonnesi si impadroniscono anche delle bandiere del nemico.

Così il Guicciardini:

(…) *gli Orsini, che aveano dumila fanti e ottocento cavalli, furono messi in fuga, perderono le bandiere e restò prigione Carlo Orsino; e dalla parte de' Colonnesi fu ferito Antonello Savello assai chiaro condottiere, che ne morí pochi dí poi.*

Nelle file dei Colonna venne ferito gravemente ad un piede Giovanni Battista Caracciolo, che morì nei giorni seguenti.

Il Sansovino ricorda:

Morirono tra l'uno e l'altro esercito intorno a quattrocento persone.

Ossia un combattente ogni dieci, sicuramente con una percentuale ben maggiore tra gli sconfitti.

Altre fonti parlano di ottocento morti. Burckhardt, sulla base di autori locali come lo Zappi, di quattromila, ma è sicuramente un errore di trascrizione dei quattrocento della *Historia di Casa Horsina*, anche perché come ricordato, in tutto erano presenti circa duemila uomini degli Orsini e all'incirca un numero simile di Colonnesi[21].

Cifra non bassa per una battaglia quattrocentesca: a Molinella, nella battaglia della Riccardina del 1466 tra Colleoni e Federigo da Montefeltro i morti furono seicento, mentre a Rimini, nel 1469, tra feltreschi e pontifici si ebbero trecento morti. Molti meno rispetto alla battaglia di Campomorto, presso Velletri, quando nello scontro del 1482 tra l'esercito pontificio comandato da Roberto *il Magnifico* dei Malatesti e quello aragonese del duca di Calabria, appoggiato dai Colonna, morirono 1.200 uomini.

Come ricorda Mallet, il numero maggiore di morti si aveva tra i fanti armati alla leggera, e anche a Monte Celio i falconetti (o gli schioppi?) dei Colonna inflissero le perdite maggiori.

L'asprezza dei combattimenti è rilevata da Guicciardini, che definisce quella sotto Monte Celio una

..,*lunga e valorosa battaglia, stimolandogli non meno la passione ardente delle parti che la gloria e l'interesse degli stati*[22].

La ferocia dello scontro emerge anche, per confronto, da un altro dato fornito dal Mallet:

Dei 170 capitani di lunga esperienza che nel Quattrocento comandarono più di duecento lance, solo una dozzina morì in combattimento[23].

Antonello Savelli fu probabilmente tra essi.

---

21   Cifra riportata anche in Cerasoli, *Ricerche storiche cit.*, p.38.
22   Guicciardini, loc.cit.
23   Mallet, *Signori e mercenari*, cit., p.201.

▲ *Dopo aver forzato il ponte, le truppe del Savelli e di Fabrizio Colonna ingaggiarono in questa piana le condotte di Bartolomeo d'Alviano e Giangiordano Orsini*

▲ *In planitiae Vincentii. Il luogo di schieramento delle compagnie di Antonello Savelli e Fabrizio Colonna*

La presunta distruzione della chiesa di san Vincenzo dopo la battaglia

Francesco Cerasoli, nel suo *Ricerche storiche intorno al Comune di Montecelio già Monticelli presso Tivoli*, uscito nel 1890, attribuisce ai Colonna vittoriosi la devastazione della chiesa di San Vincenzo menzionata già nel X secolo, ai piedi del colle omonimo, asubito dopo la conclusione della battaglia:

In questa circostanza l'esercito vittorioso dei Colonnesi distrusse la chiesa di San Vincenzo presso Casal Battista[1]

ma né la località né la distruzione della chiesa vengono ricordate dal Sansovino o da alcuna fonte coeva. Se veramente San Vincenzo fosse stata distrutta in questa occasione, sarebbe stato ricordato almeno dal Sansovino, assai preciso nelle indicazioni dei luoghi, se non altro per dire male dei Colonnesi nella sua storia degli Orsini, apertamente partigiana. In caso della distruzione della chiesa medievale dedicata a San Vincenzo il Sansovino non avrebbe mancato di farne menzione, così, come contrariamente a quanto affermato dal Cerasoli,

Quantunque il Coppi, Memorie Colonnesi, *(pag.225) riporti questo fatto* [la distruzione della chiesa] *al 1478, pure per consenso del Guicciardini e del Litta esso avvenne nel 1499* [sic!][2],

alla devastazione di San Vincenzo non fanno cenno né il Guicciardini né Pompeo Litta nella sua opera sulle famiglie nobili italiane[3]

Distruggere un edificio richiede tempo, e sembra assai difficile che ciò possa esser successo all'indomani di una *lunga e valorosa battaglia*, per usare le parole del Guicciardini, quando gli uomini erano impegnati nell'inseguimento e rastrellamento del nemico- ricordiamo, con il Sansovino, che i colli erano pieni di dispersi delle milizie ursine che erano fuggite *sui Monti*- nel soccorso ai feriti e nel seppellimento dei morti. Distrarre truppe come guastatori voleva dire esporsi ad un possibile ritorno offensivo di elementi nemici, o anche ad eventuali attacchi delle truppe pontificie della rocca di Monte Celio, egualmente ostili ai Colonna ed agli Orsini.

Quanto all'attribuzione della devastazione ad opera dei Colonna della chiesa al 1478, affermazione che Cerasoli attribuisce all'abate Antonio Coppi in *Memorie Colonnesi* [4], semplicemente non esiste: come il Guicciardini ed il Litta, Coppi si limita a citare la battaglia, e non la distruzione della chiesa!, e la data 1478 è chiaramente un refuso per 1498[5].

Il Cerasoli non è una fonte molto attendibile: innanzi tutto data erroneamente la battaglia al 1499,

---

1   Op. cit., p.37.

2   Ibid., n.2.

3   Pompeo Litta, *Famiglie nobili d'Italia. Colonna di Roma*, Torino, 1836-1838, tav.IV .

4   Antonio Coppi, *Memorie Colonnesi*, Roma 1855, p. 225

5   Antonio Coppi nacque ad Andezeno, in Piemonte nel 1783. Nel 1803 si recò a Roma, città in cui trascorse gran parte del resto dell'esistenza. Dopo la laurea in *utroque iure* alla Sapienza, nel 1811 fu assunto dall'erudito Nicola Maria Nicolai come assistente per la raccolta della documentazione necessaria per una progettata *Storia de' luoghi una volta abitati nell'Agro Romano*. Iniziò per Coppi un periodo di intense ricerche negli archivi e nelle biblioteche di Roma da cui ottenne materiale per numerose pubblicazioni personali di tipo storico e archeologico. Ebbe inoltre l'opportunità di collaborare con Antonio Nibby alla trascrizione delle epigrafi conservate nella basilica di San Paolo. Fu tra i fondatori il 9 aprile 1813 dell'Accademia Tiberina di cui fu il primo presidente. Fissò gli scopi e stabilì lo statuto dell'accademia, proponendo fra l'altro la cura di una *Storia di Roma dal primo anno del regno di Odoacre fino al pontificato di Clemente XIV* e una *Storia letteraria* dal primo anno del regno di Odoacre (476) fino al secolo XIX. Su invito del principe Filippo Colonna, a partire dal 1816 iniziò a occuparsi dell'amministrazione dei patrimoni della famiglia Colonna; si recò pertanto spesso in Sicilia interessandosi fra l'altro alle antichità di Tindari. Nel 1818 passò al servizio della figlia primogenita del principe Colonna, Margherita, sposa di Giulio Cesare Rospigliosi, duchessa di Zagarolo. La nuova occupazione gli permise di potersi dedicare alle sue attività di studio libero da preoccupazioni economiche; in particolare, si dedicò alla continuazione degli *Annali d'Italia* di Ludovico Antonio Muratori, che si erano fermati al 1750, proseguendoli fino al 1861.

attribuisce agli Orsini duemila fanti (Guicciardini, che Cerasoli conosce e cita, sia pure imprecisamente-p.e. scrive *Antonello Savelli bravo condottiere* anziché *Antonello Savello assai chiaro condottiere* come scrive lo storico fiorentino, cambiando il senso del passo, *bravo* significando *coraggioso* e *chiaro* famoso! - parla di 1200) e infine arriva a sostenere che nella battaglia perirono ben quattromila uomini, forse sulla base di Burckhardt, che fa lo stesso errore, ma che l'autore monticellese non cita.

Non esiste dunque alcuna prova che la distruzione della chiesa risalga all'epoca della battaglia, a parte la fantasia del cronista locale.

▲ *Ritratto di Condottiero. Leonardo da Vinci.*

LE CONSEGUENZE DELLA BATTAGLIA

E poiché la fortuna vuol fare ogni cosa, ella si vuole lasciarla fare, stare quieto e non darle briga, e aspettar tempo che la lasci fare qualche cosa agli uomini.

(*Niccolò Machiavelli*, Lettera a Franceco Vettori, *1513*)

La battaglia di Monte Celio ebbe risvolti fondamentali nella storia dello Stato della Chiesa, ben più importanti di quelli immediati, ossia il passaggio dei feudi abruzzesi di Tagliacozzo e Celle dagli Orsini ai Colonna, e destinati ad avere conseguenze di una durata ben più lunga.
Alessandro VI lamentò che nella battaglia non vi fossero stati più morti, perché ciò avrebbe significato la pace nella regione:

...la strage della battaglia di Vazolo, combattuta [...] tra i seguaci di Colonna e degli Orsini, della quale ha Papa Alessandro VI diceva di essere deluso, perché le due fazioni non si fossero reciprocamente annientate, al fine di rendere più facile in questa parte dell'Lazio l'avvento di un'era di pace[1],

ma ad ogni modo i due partiti rivali s'erano dissanguati al punto di cessare, per il momento, di creare grossi problemi al papa, pronto ad approfittare della situazione e ad agire prima che le due casate potessero riprendersi.
Scrive il Guicciardini:

...Raccolte nuove forze [gli Orsini], andarono a Palombara, Terra principale dei Savelli; e si preparavano per andarla soccorrere i Colonnesi, che dopo la vittoria avevano occupate molte castella dei Conti. Ma accortasi l'una parte e l'altra che Alessandro VI, dando animo ora ai Colonna e ora agli Orsini, nutriva la guerra per potere alla fine quando fussero consumati opprimerli tutti, si ridussero senza interposizione d'altri a parlamento insieme a Tivoli, dove il dì medesimo conchiusero l'accordo per lo quale fu liberato Carlo Orsino, restituite a ciascuno le terre tolte in quella contenzione.[2]

Le due casate, riconoscendo come la loro sconfitta possa giovare soltanto al papa, si riconciliano tra di loro a Tivoli, nel luglio, affidando a re Federico I d'Aragona[3] la risoluzione della contesa sui feudi abruzzesi. Tutti i nemici dei Borgia si rallegrano della riconciliazione delle due casate, e sul portone del palazzo apostolico vengono affissi dei versi in cui si invitano Orsini e Colonna a gettare nelle acque vendicatrici del Tevere il toro e i suoi vitelli, con ovvio riferimento al toro dello stemma Borgia ed ai figli Cesare, Lucrezia e Goffredo.
Preoccupato, Alessandro arruola ottocento uomini come guardia personale, e si fortifica in Borgo, pronto a colpire le due casate, che sottovalutano l'avvertimento[4].
Nello stesso 1498 Cesare Borgia lascia la porpora cardinalizia, e inizia a dedicarsi a tempo pieno alla conquista dei territori marchigiani e romagnoli appartenenti, almeno teoricamente, allo Stato Pontificio, cosa che sarebbe stata impossibile se la sicurezza del papato fosse stata ancora minacciata dalle lotte baronali.
Certo, Orsini e Colonna costituiscono ancora un problema, e Alessandro VI, preoccupato dalla pace

---

1   Camillo Pierattini, *Tivoli dall'Accademia degli Agevoli alla Società Tiburtina passando per gli Arcadi Sibillini (sec.XVI-XX)*
2   Guicciardini, cit. IV,2.
3   Federico I d'Aragona era salito sul trono di Napoli nell'estate del 1497 venendo incoronato il 22 luglio: ulteriore prova, se ce ne fosse bisogno, che la battaglia sotto Monte Celio ebbe luogo l'anno successivo, come indicato dal Guicciardini.
4   Gregorovius, *Storia di Roma nel Medioevo*, cit., V., p. 227.

di Tivoli, agisce immediatamente, mentre sono ancora troppo deboli per reagire efficacemente.

Il papa passa a spogliare le famiglie romane senza troppo guardare al loro orientamento politico, allo scopo di rafforzare l'autorità dello Stato: colpisce gli Orsini, poi i Caetani, e poi i Colonna, che pure avevano affidato i propri castelli alla curia cardinalizia. Con i loro beni si armeranno gli eserciti di Cesare e si rafforzerà il papato e, soprattutto, Casa Borgia.

Nell'estate del 1501, come scrive Ludovico Gatto, Alessandro assume un provvedimento di gravità inusitata: ossia spoglia di tutti i loro beni i Colonna. Subito dopo sarà la volta dei Savelli, il cui ruolo ereditario di Marescialli di Santa Romana Chiesa è passato a Cesare Borgia, Capitano Generale della Chiesa.

L'ingente patrimonio delle due famiglie sarà diviso tra Goffredo Borgia principe di Squillace, figlio del papa, e l'*Infante Romano*, il misterioso bambino che la maldicenza voleva nato dall'incesto tra il papa e la figlia Lucrezia[5].

▲ *Ritratta di papa Alessandro VI*

Dopo la sconfitta dei Colonna, negli anni 1502- 1503 tocca agli Orsini, contro i quali il papa combatterà una vera e propria guerra, costata assai cara alle casse pontificie, tanto che Alessandro sarà obbligato far fronte alle spese con la vendita di cariche, tra cui ottanta nuovi *scriptores brevium* di Curia ai quali sarà imposto il pagamento di ottocento ducati a testa. Paolo Orsini sarà costretto a firmare la pace col pontefice il 29 ottobre 1502 - pace definita da Machiavelli *ambigua*:

Et resterà superiore chi saprà meglio ingannare l'altro, e quello ingannerà che si troverà più forte di gente et di amici[6].

Sarà Alessandro a ingannare meglio: un durissimo colpo agli Orsini sarà inflitto da Cesare che elimina a Senigallia Vitellozzo Vitelli ed Olivierotto da Fermo, nel modo descritto ed esaltato da Niccolò Machiavelli nella celeberrima *Descrittione del modo tenuto dal Duca Valentino nello ammazzare Vitellozzo Vitelli, Olivierotto da Fermo, il Signor Pagolo e il Duca di Gravina Orsini*, arrestando il duca di Gravina, Francesco Orsini, uno dei protagonisti della battaglia di Monte Celio, insieme a Paolo Orsini, lo stesso che aveva firmato la pace con il papa ad ottobre.

Nel frattempo a Roma il papa fa arrestare anche il cardinale Battista Orsini, l'arcivescovo di Firenze Rinaldo Orsini, Iacopo Santacroce, e altri nemici dei Borgia.

---

5   Una bolla pontificia del 1 settembre lo dice figlio di Cesare Borgia e di una donna nubile. In un'altra bolla dello stesso giorno è detto figlio del papa e di una donna non nominata. Si tratta probabilmente del figlio del pontefice e della sua amante Giulia Farnese, moglie di Orsino Orsini

6   N. Machiavelli, lettera del 13 novembre 1502.

Scrive Machiavelli:

Pagolo et il duca di Gravina Orsini furno lasciati vivi per infino che ad Roma el papa haveva preso el cardinale Orsino, l'arcivescovo di Firenze et messer Jacopo Santa Crocie. Dopo la qual nuova, a dì diciotto di gennaio, a Castel de la Pieve, furno anchora loro nel medesimo modo strangolati[7].

Sarà lo stesso Cesare a dire al Machiavelli, inviatogli come legato della Repubblica fiorentina dall'ottobre 1502 al gennaio 1503, come l'eliminazione delle due Casate fosse fondamentale per la sopravvivenza dello Stato Pontificio, e di ritenere, per questo, di meritarsi la riconoscenza anche dei futuri pontefici:

Disse ulterius *questo Signore* [Cesare Borgia, ndA] *avere in animo liberare tutte le terre della Chiesa dalle parti, e dai tiranni, e restituirle al Pontefice (…) e giudica per questo un Pontefice nuovo sia per essergli obligato, non si trovando servo degli Orsini, o de' Colonnesi, come sono sempre suti i Papi per l'arretro (…) gli pare di averlo fatto con la presa, e la morte di costoro, che erano la pietra dello scandolo, e giudica quello tanto che resta essere fuoco da spegnerlo con una gocciola d'acqua*[8].

E' vero che dopo la morte di Alessandro e il caos della sede vacante Colonnesi e Orsini marceranno su Roma, che Cesare dovrà accordarsi con casa Colonna e che gli Orsini insieme a Bartolomeo d'Alviano entreranno nella capitale pontificia, come è vero che nel 1527 il cardinale Colonna entrerà a Roma sfidando Clemente VII Medici: ma sono solo episodi: *fuoco da spegnerlo con una gocciola d'acqua* appunto. Papi come Giulio II della Rovere, Leone X Medici e soprattutto Sisto V Peretti completeranno l'opera iniziata dai Borgia ristabilendo l'autorità del papato, tanto che, a parte gli episodi rivoluzionario e napoleonico del 1798 e del 1809- 1813, l'integrità del territorio pontificio non sarà più minacciata sino al 1859 ed al 1870.

Il bagno di sangue tra Monticelli, le Fosse e Casabattista aveva segnato la fine definitiva del medioevo feudale romano, dando inizio alla nascita di uno stato pontificio in cui per la prima volta dalla caduta dell'impero l'autorità papale non era più messa in dubbio dai nobili romani e dalle lotte intestine.

Infine, per quanto riguarda i protagonisti dello scontro, è da ricordare come, quando lo storico inglese Mallet ricorda l'importanza avuta dai condottieri italiani nelle guerre del XVI secolo, in primi quelle tra spagnoli e francesi e quelle tra veneziani ed Asburgo, parli soprattutto della battaglia di Cerignola dell'aprile 1503, la prima battaglia campale tra spagnoli e francesi, nella quale ad affiancare Gonsalvo de Codoba, *el Gràn Capitàn*, furono i fratelli Prospero e Pompeo Colonna, i vincitori di Monte Celio, che travolsero le *compagnies d'ordonnance* francesi ed i temutissimi picchieri svizzeri con la cavalleria pesante ed il fuoco dell'artiglieria leggera[9], dimostrandosi i maggiori comandanti italiani dell'epoca.

Va poi ricordato che gli uomini dei due fratelli Colonna sono gli stessi che hanno combattuto a Monte Celio cinque anni prima[10]. E subito dopo Mallet ricorda la sconfitta, nel 1508, dell'esercito imperiale di Massimiliano I d'Austria, formato da lanzichenecchi tedeschi e mercenari- ancora una volta- svizzeri:

Bartolomeo d'Alviano lo batté con una sonora sconfitta nei pressi di Pieve di Cadore: fu una vittoria notevole, che era stata riportata da un esercito italiano in gran parte di fanti e di cavalleria leggera, e che innalzò la fama dell'Alviano all'altezza di quella dei fratelli Colonna (…)[11]

---

7   *Del Tradimento del duca Valentino al Vitellozzo Vitelli, Olivierotto da Fermo et altri*, in N. Machiavelli, *La vita di Castruccio Castracani e altri scritti*, Milano 1991, pp.101- 102.

8   N. Machiavelli, *Seconda Legazione al Duca Valentino*, 1503.

9   Mallet, op. cit., pp. 254-255.

10   Su Cerignola, Marco Pellegrini, *Le guerre d'Italia 1494-1530*, Bologna 2009, pp.69 segg.

11   Mallet, op.cit., p.255.

▲ *Montecelio in una foto dei primi del novecento.*

L'Alviano, Prospero e Pompeo Colonna: tre dei protagonisti della battaglia di valle Vazolo, di cui l'autore scrive:

I condottieri ora nominati furono reputati tra i migliori generali del tempo[12].

E, anche se la Storia non fa il loro nome, molti dei combattenti delle condotte dei Colonna e dell'Alviano erano veterani dei feroci scontri di valle Vazolo e delle fosse tiburtine. E un altro Colonna, Fabrizio, il comandante con il Savelli dell'avanguardia, è, come detto all'inizio, lo stesso del quale Niccolò Machiavelli esalta il genio militare nel *Dell'arte della guerra* (1519-1520)[13].

Non credo serva altro per restituire alla dimenticata battaglia di Monte Celio il ruolo che le spetta nella storia non solo locale, ma dell'Italia a cavallo tra Medioevo ed età moderna.

---

12   Ibid.

13   L'opera consiste, secondo lo stile di Platone, in un dialogo tra Fabrizio Colonna e Cosimo Rucellai. Fabrizio domina le discussione con la sua conoscenza e saggezza. Gli altri personaggi fanno da semplici contraltari. I dialoghi, quindi, spesso diventano monologhi del Colonna che indica come un esercito dovrebbe essere formato, allenato e organizzato.

APPENDICE

La battaglia di Monte Celio nella descrizione di Francesco Sansovino
Historia di Casa Horsina, Venezia 1565

...Ora gli Orsini risentitisi gravemente per le vittorie dei Colonnesi e per lo danno ricevuto dai Conti loro famigliari e congiunti, temendo che i colonnesi, spinti dai Conti, non prevalessero, adunata buona quantità di soldati, andarono per la valle che è sotto Monticelli, posto nel contado di Tivoli, e poco discosto da Palombara e Monte Rotondo, andarono ad incontrare i Colonnesi, che ritornavano dal saccheggiare Cretone, con animo di combattere con loro, quasi certi della vittoria, ma veramente gli esiti della guerra sono molto dubbiosi e la fortuna non corrisponde sempre agli altrui desideri.

Essi avevano collocato quasi tutti i fanti a piè del sinistro lato del monte, per circondare i nemici alle spalle, e assaltarli dal luogo di sopra, e colla cavalleria avevano occupato la larghezza della valle e tenevano il ponte per il quale dovevano necessariamente passare i Colonnesi, che non sospettavano punto in quel dì della venuta dei nemici, ma poi che essi intesero la venuta degli Orsini, stettero in dubbio se dovessero ritornare a Cretoni, o venire a giornata.

Conchiusero che non fosse bene mostrar segni di paura in tanto corso di sì fortunata vittoria e si misero in ordinanza. Erano nella prima Fabrizio Colonna e Antonio Savello; Prospero Colonna e Giov. Battista Savello avevano il governo dell'ultima parte dell'esercito. Si trovavano i Colonnesi allora molto copiosi di falconetti, i quali essi accomodarono per trarre ai fanti che erano sul colle.

Appiccata adunque la zuffa avvenne che il cavallo di Giulio Orsino, che conduceva l'ordine della fanteria, ferito alla fronte cadesse in terra, onde conturbati i fanti, i quali erano per la maggior parte contadini, avvezzi piuttosto a maneggiar gli aratri, che le armi, si misero a fuggir verso i Monti, poiché la cavalleria, disuguale di numero e di nerbo al nemico, fu cacciata. Morirono tra l'uno e l'altro esercito intorno a quattrocento persone.

Degli Orsini rimasero prigionieri intorno a venti tra i quali fu Carlo figlio di Virginio, Antonello discostatosi un lungo tratto dai suoi, e condotto tra la folla dei nemici, ricevuta una ferita sul braccio destro estatogli tolto l'elmo in capo, si tolse dalle lor mani e diportatosi in quel giorno con molto valore, non molto dopo vi morì, scemando con la sua morte la vittoria ai nemici, Giambattista Caracciolo, ferito ad un piede, fece quel giorno, che fu ai 30 marzo 1497[1], cose onorate, e fu l'ultimo a partirsi dal campo.

Lo scontro tra Orsini e Colonna e la battaglia di Monte Celio descritti da Francesco Guicciardini, *Storia d'Italia*, lib. IV, 2

Alla quale, perché per quell'anno [1498] non si temeva di moto alcuno del re di Francia, erano volti gli occhi di tutta Italia, quieta allora da ogni altra perturbazione: conciossiacosaché, se bene in terra di Roma si fussino prese l'armi tra i Colonnesi e gli Orsini, era la prudenza di loro medesimi stata presto superiore agli odii e alle inimicizie. L'origine fu che i Colonnesi e i Savelli, mossi dalla occupazione, fatta da Iacopo Conte di Torremattia, avevano assaltate le terre della famiglia de' Conti; e da altra parte gli Orsini, per la congiunzione delle fazioni, aveano prese l'armi in favore loro: di maniera che, essendosi occupate per l'una parte e per l'altra più castella, combatterono finalmente insieme con tutte le forze a piè di Monticelli nel contado di Tivoli; dove dopo lunga e valorosa battaglia, stimolandogli non meno la passione ardente delle parti che la gloria e l'interesse degli stati, gli Orsini, che aveano dumila fanti e ottocento cavalli, furono messi in fuga, perderono le bandiere e restò prigione Carlo Orsino; e dalla parte de' Colonnesi fu ferito Antonello Savello assai chiaro condottiere, che ne morì pochi dì poi. Dopo il quale successo, il pontefice, mostrando essergli molesta la turbazione del paese propinquo a Roma, si interpose alla concordia: la quale mentre che con non troppo buona fede si tratta da lui, secondo la sua duplicità, gli Orsini, raccolte nuove forze, andorono a campo a Palombara terra principale de' Savelli; e si

---

1   Sic per 12 aprile 1498.

preparavano per andare a soccorrerla i Colonnesi, che dopo la vittoria avevano occupate molte castella de' Conti. Ma accortasi l'una parte e l'altra che 'l pontefice, dando animo ora a' Colonnesi ora agli Orsini, nutriva la guerra, per potere alla fine quando fussino consumati opprimergli tutti, si ridussono senza interposizione d'altri a parlamento insieme a Tivoli, dove il dí medesimo conchiusono l'accordo: per il quale fu liberato Carlo Orsino, restituite a ciascuno le terre tolte in questa contenzione, e la differenza de' contadi d'Albi e di Tagliacozzo rimessa nel re Federigo, del quale erano soldati i Colonnesi.

▲ *Ritratto di Cesare Borgia il duca Valentino. Incisione seicentesca di anonimo.*

▲ *Cavalieri leggeri in azione nella boscaglia di Montecelio. In alto a destra lo stemma dei Caracciolo.*

CRONOLOGIA DEI PRINCIPALI FATTI D'ARME CHE COINVOLSERO LA ROCCA DI MONTE CELIO DAL 1455 AL 1504

1455 Guerra tra Napoleone Orsini ed il conte Everso dell'Anguillara per il possesso di Monte Celio

1458, febbraio Everso, conte dell'Anguillara conquista Monte Celio agli Orsini.

1460, settembre. Antonello da Forlì, all'epoca al soldo di Sigismondo Pandolfo dei Malatesti, muove in aiuto di Jacopo Savelli a Palombara, poi si dirige su Monte Celio, occupa la rocca insieme all'Anguillara e vi si fortifica, usandola per scorrerie contro le truppe pontificie, per interrompere la via degli Abruzzi, dov'è in corso la Guerra dei Baroni tra angioini e aragonesi.

1462, luglio Federigo II da Montefeltro conte d'Urbino e Capitano generale della Chiesa assedia Monte Celio, senza risultati.

1464. Le truppe pontificie assediano Monte Celio, ancora con Federigo da Montefeltro, senza risultati.

1465, 22 giugno Napoleone Orsini conquista Monte Celio a Deifobo dell'Anguillara. La rocca diviene proprietà della Santa Sede.

1471 Sisto IV nomina il cardinale Guillaume d'Estouteville procuratore e governatore di Monte Celio.

1488 Guerra tra Innocenzo VIII e il re di Napoli. Gli Orsini si schierano con gli aragonesi. Innocenzo nomina il cardinale Giovanni Balve governatore.

1492, 11 agosto. Goffredo Borija (Borgia) eletto papa Alessandro VI, grazie anche agli Orsini, cui ha promesso vari castelli, tra cui Monte Celio.

1494, settembre Carlo VIII di Francia invade l'Italia; il 27 dicembre è a Roma.

1496, novembre- 1497, gennaio. Guerra tra il papa e gli Orsini. Assedio di Bracciano, difeso da Bartolomeo d'Alviano, da parte delle truppe di Giovanni Borgia duca di Gandia, figlio del papa.

1497, 25 gennaio Gli Orsini, guidati da Vitellozzo Vitelli, sconfiggono i pontifici, comandati da Giovanni di Gandia, a Soriano.

1497, 14 giugno. Assassinio del duca di Gandia, attribuito- tra le altre ipotesi- agli Orsini.

1498, marzo. I Colonnesi fanno guerra ai Conti e saccheggiano Cretone e Stazzano.

1498, 12 aprile. Battaglia di Monte Celio. Pace di Tivoli e liberazione di Carlo Orsini.

1502, 31 dicembre *Inganno di Senigallia*. Morte di Francesco e Paolo Orsini, strangolati da Cesare Borgia.

1503, 18 agosto. Morte di Alessandro VI.

1503 , 1 novembre. Giuliano della Rovere diviene Giulio II.

1504, gennaio. Gli spagnoli, comandati da Marcantonio I Colonna, assediano il duca di Traietto asserragliato a Monte Celio.

BIBLIOGRAFIA

Fonti d'archivio.

Archivio di Stato, Roma:
fondi *Soldatesche e galere* e *Mandati camerali*;
Archivio Segreto Vaticano:
Armarium XXXIV. Instrumenta Cameralia (1313-1826); *Armarium XXIX . Diversa Cameralia (1389-1578)*.
Archivio di Stato, Venezia:
fondi *Maggior Consiglio, Consiglio dei Dieci, Senato* e *Commemoriali.*.
Sul sito della Yale University è possibile consultare la monumentale raccolta di documenti microfilmati (si tratta di circa due milioni di documenti, microfilmati in vari archivi italiani ed esteri, raccolti in duemila bobine) donata alla Sterling Memorial Library di tale Università dallo scomparso prof. Vincent Ilardi, fondamentale per le ricerche sul Rinascimento italiano:
www.library.yale.edu .

Monografie.

David Abulafia, *I regni del Mediterraneo occidentale dal 1200 al 1500. La lotta per il dominio*, Roma- Bari 1999
Leonardo Aretino, *La historia universale de' suoi tempi nella quale si contengono tutte le guerre fatte tra Principi in Italia e spetialmente dai Fiorentini.*
Tommaso Argiolas, *Armi ed eserciti del Rinascimento italiano*, Roma 1983
Duccio Balestracci, *La festa in armi.*, Roma- Bari. 2001
Ugo Balzani, *Le cronache italiane nel Medio Evo*, Milano 1884
A. Barbero- C. Frugoni, *Dizionario del Medioevo*, Milano 1996
Hans Baron, *La crisi del primo Rinascimento italiano*, Firenze 1970
A. Battistella, *Pordenone e i d'Alviano*, in *Memorie storiche forogiuliensi*, IX (1913), pp. 241 ss.
Oscar Browning, *The Age of Condottieri. A short history of medieval Italy from 1409 to 1530*, London 1895
Jacob Burckhardt., *La civiltà del Rinascimento in Italia*, Roma 1987
C. Cansacchi, *I primi Passi di un grande condottiero: Bartolomeo d'Alviano*, in *Bollettino dell'Istituto storico e di cultura dell'Arma del Genio*, dic. 1937, n. 7,pp. 39-76
Bartolomeo Capasso, *Le fonti della storia delle provincie napoletane dal 568 al 1500*, Napoli 1902
Niccolò Capponi, *La battaglia di Anghiari. Il giorno che salvò il Rinascimento*, Milano 2010
Francesco Cerasoli, *Ricerche storiche intorno al Comune di Montecelio già Monticelli presso Tivoli*, Roma e Firenze, 1890
Federico Chabod, *Lezioni di metodo storico*, 14° ed., 1999
Giorgio Chittolini, *La crisi degli ordinamenti comunali e le origini dello stato del Rinascimento*, Bologna 1979
Carlo Cipolla, *Storia delle signorie italiane dal 1313 al 1530*, Milano 1981
Pietro Colonna, *I Colonna dalle origini agli inizi del secolo XIX*, Roma 1917.
Antonio Coppi, *Memorie Colonnesi*, Roma 1855
Anna Maria Corbo, *Cantori, artisti e condottieri alla corte dei papi nel secolo XV*, Roma 2000.

Anna Maria Corbo, *Pio II Piccolomini, un papa umanista*, Roma 2002.

Georges Duby, *La dimanche de Bouvines. 27 Julliet 1214*, Paris 1973 (tr.it. Torino 2010).

Jean- Louis Fournel, Jean- Claude Zancarini, *Le guerre d'Italia 1494- 1559*, Firenze 1996

Ludovico Gatto, *Storia di Roma nel Medioevo*, in AAVV, *Storia di Roma dalla fondazione all'inizio del terzo millennio*, Roma 2004.

Roberto Gervaso, *I Borgia*, Milano 1976

Paolo Emiliano Giudici, *Storia dei comuni italiani*, Firenze 1966

Everardo Gothein, *Il Rinascimento nell'Italia meridionale*, Firenze 1915

Francesco Guicciardini, *Storia d'Italia*, Torino 1971

Francesco Guicciardini, *Storie fiorentine*, Milano 1998

Pompeo Litta, *Famiglie nobili d'Italia. Colonna di Roma*, Torino, 1836-1838, tav. IV.

O. Haintz, *Von Novara bis La Motta*, Kirchhain 1912;

John R. Hale. *La civiltà del Rinascimento in Europa (1450-1620)*, Milano 1994

J.R. Hale- R. Highfield- B.Smalley, *Europe in the late Middle Ages*, London 1965

H. Harkensee, *Die Schlacht bei Marignano*, Göttingen 1909;

H. Hauser-P. Renaudet, *L'età del rinascimento e della riforma*, Torino 1957

Ian Heath, *Armies of the Middle Ages*, 1, Worthing 1982.

Jacques Heers, *L'occidente nel XIV e nel XV secolo*, Milano 1978

Jacques Heers, *La vita quotidiana nella Roma dei papi ai tempi dei Borgia e dei Medici*, Milano 1988

M. Hobohm, *Machiavellis Renaissance der Kriegskunst*, II, Berlin 1913, *passim*;

John K. Hyde, *Società e politica nell'Italia medievale*, Bologna 1977

Johan Huizinga, *L'autunno del Medio Evo*, trad. it. Milano 1987

Victor G. Kiernan, *Il duello. Onore e aristocrazia nella storia europea*, Venezia 1991

Rodolfo Lanciani, *The Golden Days of the Renaissance in Rome*, London 1906

Ferdinand Gregorovius, *Storia di Roma nel Medioevo*, V, trad. it. Roma 1972

John Larner, *Culture and society in Italy (1290-1420)*, London 1971

Edmond-René Labande, *L'Italie de la Rénaissance. Evolution d'une société*, Paris 1954

Leone Leonii, *Vita di Bartolomeo di Alviano*, Todi 1858

Niccolò Machiavelli, *Del Tradimento del duca Valentino al Vitellozzo Vitelli, Olivierotto da Fermo et altri*, in N. Machiavelli, *La vita di Castruccio Castracani e altri scritti*, Milano 1991

Niccolò Machiavelli, *Dell'Arte della Guerra*, Torino 1998

Michael Mallet, *Mercenaries and Their Masters*. London 1974 (trad. it. *Signori e Mercenari. La guerra nell'Italia del rinascimento*, Bologna 1983)

Douglas Miller, *The Swiss at War 1300- 1500*, Oxford 1993

Marco Morin, *Armi antiche. Armi da fuoco individuali dell'Occidente dalle origini al sistema a percussione*, Milano 1982

David Murphy, *Condottiere 1300- 1500. Infamous medieval Mercenaries*, Oxford 2007

David Nicolle, *Italian Medieval Armies 1300- 1500*, Oxford 1983

David Nicolle, *Fornovo 1495. France's Bloody Fighting Retreat*, Oxford 1993

David Nicolle, *Medieval Warfare Sourcebook. Warfare in Western Christendom*, London 1999

David Nicolle, *Italian Militiaman 1260- 1392*. Oxford 1999

Ludwig von Pastor, *Storia dei Papi dalla fine del Medioevo*, trad. it. Roma 1910- 1934

Marco Pellegrini, *Le guerre d'Italia 1494-1530*, Bologna 2009

Celestino Piccolini, *Monte Celio già Monticelli*, Tivoli 1928 (rist. Guidonia, 2000)

Piero Pieri, *La battaglia del Garigliano del 1503*, Roma 1938

Piero Pieri, *Il Rinascimento e la crisi militare italiana*, 2° ed. Einaudi, Torino 1970

Claudio Rendina, *I Capitani di Ventura. Storia e segreti.*, Roma 1985

Pierluigi Romeo di Colloredo, *Et l'Alifante battagliò con l'Aquila. Sigismondo Pandolfo dei Malatesti e Federico da Montefeltro.Vite parallele di due condottieri nemici nell'Italia del XV secolo*, Roma 2009.

Francesco Sansovino, *Historia di Casa Horsina* ,Venezia 1565.

Marino Sanudo, *I diarii*, Venezia 1879-1902

Franco Sciarretta, *Storia di Tivoli*, Tivoli 2003

F. Senatore - F. Storti. *Spazi e tempi della guerra nel Mezzogiorno aragonese*. Salerno. 2002

C.de Seta- J. Le Goff, *La città e le mura*, Roma- Bari. 1989

Luigi Simeoni, *Storia politica d'Italia. Le signorie*, Milano 1950

Marcello Simonetta, *L'enigma Montefeltro*, Milano 2008

Jean-Charles de Sismondi, *Storia delle repubbliche italiane nel medioevo*, Roma 1968

Vittorio Sora, *I conti di Anguillara dalla loro origine al 1465*. Archivio Società Romana di Storia Patria, 1906

Giovanni Tabacco, *Dal tramonto dell'impero alle prime formazioni di stati regionali. Storia d'Italia Einaudi. II*. Einaudi, Torino 1974

G. Tabacco- G. G. Merlo, *Medioevo (V-XV secolo)*, Bologna 1981

Amelio Tagliaferri. *Relazioni dei rettori veneti in Terraferma*, Milano 1973

Alberto Tenenti, *L'Italia del Quattrocento. Economia e società*, Roma- Bari 1996

Angelo Ventura. *Nobiltà e popolo nella società veneta del '400 e del '500*, Roma- Bari 1964

Marco Villoresi., *La fabbrica dei cavalieri. Cantari, poemi, romanzi in prosa fra Medioevo e Rinascimento*, Roma 2005

Corrado Vivanti, *Dall'avvento delle signorie all'Italia spagnola. Storia d'Italia Einaudi. II*, Torino 1974.

TITOLI PUBBLICATI - ALREADY PUBLISHING